CAYAH

Erwachen zum Aufstieg ins Licht

Gebet um Licht

Im Namen von Vater und Mutter Gott und dem göttlichen Christuslicht und im Namen des Gesetzes der Barmherzigkeit bitten wir um Beistand, damit wir den Menschen dieses Planeten Frieden und Verständnis vermitteln, ihrem spirituellen Wesen Weite ermöglichen und ihr Vertrauen in die göttliche Ordnung aller Dinge stärken können.

Wir bitten um Hilfe für die Tiere und die pflanzlichen und mineralischen Lebensformen auf der Erde, damit sie die neuen Schwingungen des Planeten sanft in sich aufnehmen.

Wir bitten um ihretwillen, daß das Verlangen und die Gier der Menschen gemäßigt werden, damit jeder Mensch mehr Verständnis für die Bruderschaft der anderen Lebensformen aufbringt und das Bedürfnis eines jeden Wesens anerkennt, so geliebt und unterstützt zu werden, wie er selbst geliebt und umsorgt werden will.

Wir bitten um Hilfe für unsere heißgeliebte Mutter Erde, die seit so langer Zeit die Prüfungen und Leiden der von ihrer Quelle getrennten Menschen getragen hat, die ihr Land und ihre Meere ausplünderten, weil sie das Bedürfnis verspürten, sich des Egos und der Einschränkungen zu bedienen, um den Weg zu größerer spiritueller Klarheit zu gehen.

In Demut und Gnade bitten wir auch für uns, damit uns größere Weisheit zuteil werde und wir uns unseres eigenen göttlichen Selbst und unserer höheren Gegenwart in allen Dingen bewußt sein mögen. Mögen wir uns vollständig dem Geist und dem göttlichen Dienst hingeben und die Liebe und Freude unserer Verbindung mit der göttlichen Einheit spüren.

Unser größter Wunsch ist, die zu werden, die wir wirklich sind, und wir erlauben allen Illusionen, sich zu verwandeln oder sanft von uns zu fallen. Wir bitten darum, daß sich unser Geist beruhigen und Frieden und innere Stille zulassen möge. Wir bitten die Liebe Gottes, uns zu durchdringen und unsere Herzen zu erfüllen, damit wir vollständig im ICH-BIN-Bewußtsein verweilen.

Im Namen des göttlichen Willens und Seiner Gnade – so sei es.

Amen

Sandy Stevenson

Erwachen zum Aufstieg ins Licht

Die gemeinsame Reise von Menschheit und Erde in die fünfte Dimension

Aus dem Englischen
von Christiane Sautter

Ansata-Verlag

Dieses Buch ist allen Lebewesen im Universum gewidmet, welche die unbeschreibliche Liebe, den Mut und die absolute Entschiedenheit in sich tragen, den göttlichen Plan auf der Erde zu verwirklichen.

Für Gott, den Schöpfer, Alles-was-ist, die universelle Quelle, für alle wunderbaren kosmischen Wesen und für die Aufgestiegenen Lichtreiche in allen Universen, für die Engel, Helfer und Elementale allen Lebens – dafür, daß sie uns mit ihrer Gegenwart, ihrer Energie, ihrer Heilkraft und Liebe so unendlich beschenkten. Für die Millionen unbesiegbarer Sterngeborenen und Lichtarbeiter, deren Wert alle mathematische Berechnungen übersteigt, und für die Menschheit – dafür, daß sie die unglaublichste Durchhaltekraft und Ausdauer in der Geschichte des ganzen Universums bewiesen.

In Demut danke ich den Aufgestiegenen Meistern und den kosmischen Wesen dafür, daß sie mir halfen, die großen Wunder des Geistes in einer multidimensionalen Welt zu erfahren, wodurch ich fähig wurde, meine Aufgaben mit Mut, Glauben und Vertrauen zu bewältigen. Ich danke ihnen für ihre Liebe, für ihre Geduld und ihren Sinn für Humor.

Ich möchte dieses Buch außerdem meiner geliebten Zwillingsflamme widmen, mit der ich in physischer Form nur wenige Tage verbringen durfte und die von den geistigen Welten aus an meinem Leben Anteil nimmt, während ich meine Aufgaben auf der Erde erfülle.

Die Originalausgabe erschien 1997 unter dem Titel
«The Awakener. The Time is Now» bei Gateway Books,
The Hollies, Wellow, Bath, BA2 8QJ, UK.

Der Ansata Verlag ist ein Unternehmen
der Econ Ullstein List Verlag GmbH & Co. KG, München

ISBN 3-7787-7137-X

Zweite Auflage 2000

Einbandgestaltung: Gerhard Noltkämper unter Verwendung
eines Bildes von Robert Wicki
Druck und Bindung: Grafische Kunstanstalt & Verlag Jos. C. Huber KG

Inhalt

Komm, Berührer der Tiefe meiner Seele,
du Geliebter, laß uns gemeinsam springen!

Nicht gebunden an Zeit und Raum,
umarmen wir freudig lachend den Mond
und schenken fallenden Sternen neue Formen.

Entlanggleitend am Glanz der Strahlen von Galaxien,
tanzen wir und schnellen uns über Planeten,
suchen nach Toren zu Universen –
und goldene Regenbögen sind unser Gefolge.

Meine Liebe, mein Leben, meine Welt,
immer und auf allen Wegen!

Für alle Ewigkeiten
und noch darüber hinaus,
immer lichter und feiner.

Wir haben lange geträumt,
doch wir haben gut geträumt,
du und ich.

SHANTARN – Sandy Stevenson

Vorwort

Vielleicht begegnen dir zuweilen komplizierte, intellektuell formulierte Theorien, und du ärgerst dich darüber, daß du die tiefe Bedeutung dieser Perlen der Weisheit nicht erfassen kannst. Vielleicht meinst du sogar, daß dir lebenswichtige Informationen entgehen, die dir zu großartigen Erleuchtungserlebnissen verhelfen könnten. Möglicherweise spricht hier aber auch dein Verstand, der das unbedingte Bedürfnis verspürt, sich intellektuell auszudrücken und zu analysieren.

Die reine Wahrheit ist ganz einfach und kann in schlichten Worten vermittelt werden, die jeder zu begreifen vermag. Um an dem großen Ereignis teilzunehmen, welches gerade auf der Erde stattfindet, mußt du kein Physiker sein oder irgendwelche universellen Mysterien verstehen. Der magische Schlüssel ist keiner bestimmten Religion oder auserwählten Menschen vorbehalten. Du mußt auch nicht wissen, wann Atlantis versank oder welche Bedeutung der Sirius hat. Der Sinn der magischen Kraftlinien der Erde und die Bedeutung der Kornkreise sind ebenfalls unwichtig.

Das einzige, was zählt, sind Glauben und Vertrauen in die Vollkommenheit der göttlichen Ordnung und bedingungslose Liebe: für alles und für jeden Menschen, immer und überall. Mit jedem Augenblick, in dem du dich dem Vertrauen, dem Glauben und der Liebe öffnest, änderst du das Antlitz der Erde und die Geschichte des Universums.

Wenn du dich tief auf das intuitive Wissen des Geistes einläßt, wirst du erkennen, daß wahre Weisheit wenig mit Worten zu tun hat. Wahre Weisheit entsteht, wenn wir im liebevollen

Raum des Geistes verweilen und den Verstand zur Ruhe bringen. Wenn wir uns erlauben, unsere Verbindung mit der höheren göttlichen Ordnung zu empfinden, erfüllt uns eine höhere Wahrheit, die unser Leben auf unvorstellbare Weise bereichert.

Die Weisheit des Geistes führt uns liebevoll zum Bewußtsein eines umfassenderen Lebensentwurfs. Sein Handeln widerspricht oft vernünftigen Erklärungen, doch es stammt aus einer unsichtbaren Welt der Schönheit, der Wunder und der reinen Wahrheit.

Eine der wunderbaren Gaben des Geistes ist unsere Fähigkeit, unterschiedliche Energien und Ebenen der Wahrheit zu unterscheiden. Gedanken der Wahrheit lassen tief aus unserem Innern Gefühle der Harmonie und des Wohlbehagens aufsteigen. Andererseits weisen wir Dinge zurück, die nicht mit uns im Einklang schwingen. Wir müssen nur auf unsere innere Stimme hören, dann wird uns beides bewußt. Aus diesem Raum der Klarheit heraus, in dem keine Verwirrung herrscht, kannst du dein Leben und deinen Dienst für die Erde mit viel größerem Nutzen zur Geltung bringen.

Wir schlagen vor, daß du dieses dir innewohnende Unterscheidungsvermögen auf alles anwendest, was du in diesem Buch liest.

I

Mission Erde

Im Anbeginn der Zeiten erlaubte Mutter Erde den Menschen, ihren Körper (den Planeten) als Schule zu benutzen, um dort durch Beschränkungen zu lernen. Diese Vereinbarung wurde in großer Liebe und mit Mitgefühl getroffen, denn die Erde wußte um die Prüfungen, die daraus entstehen konnten. Dieser Lernprozeß betraf auch das Erdwesen.

Während die Menschheit durch diese Lernerfahrungen Fortschritte machte, stiegen bestimmte negative Kräfte auf den Planeten herab und begannen, an den genetischen Strukturen von Pflanzen und Tieren herumzupfuschen. Vor diesem Eindringen waren Flora und Fauna der Erde einfach nur schön gewesen; es gab weder dornige Rosen noch Brennesseln, weder giftige Beeren noch schädliche Unkräuter. Diese hatten sich nicht auf natürliche Weise entwickelt, um die Pflanzen und Büsche zu schützen, da es nichts gab, wovor sie sich hätten schützen müssen. Die Tiere, die eigentlich Pflanzenfresser waren, wurden zu Fleischfressern. Die Menschen begannen, den Einflüsterungen nachzugeben, die ihnen ein noch größeres Leistungsvermögen verhießen, wenn sie ihr Schwingungsfeld ändern ließen, und so wurde die genetische Blaupause der Menschen ebenfalls umgeformt. Dies gab den negativen Kräften mehr Kontrolle, und das Kräfteverhältnis auf der Erde geriet zugunsten der Negativität aus dem Gleichgewicht. So begann für die Menschheit das für sie äußerst wichtige Lernen durch Einschränkungen, und es geschah an einem Ort, der zum dichtesten im ganzen Universum werden sollte.

Durch das lange Zeit währende Ungleichgewicht auf der

Erde wurde es für ihre Bewohner jedoch immer schwieriger, solche Lernfortschritte zu machen, die man bei einer einigermaßen normalen Entwicklung hätte erwarten können. Die Übernahme negativer Muster durch viele Erdbewohner wirkte sich auf die Schwingungsdichte aus. Die menschliche Bevölkerung begann, ihren wahren Ursprung aus dem Blick zu verlieren. So verstrickten sich Erde und Menschheit in einem niemals endenden karmischen Rad des Lernens.

Die Erdmutter erbat für sich und die Menschheit Hilfe von den universellen Kräften des Lichts, und diese Bitte wurde vom Höchsten erhört.

Die Erde hatte sich jedoch vom Übermaß an Negativität zu reinigen, um in höhere Reiche aufsteigen zu können.

Der Menschheit mußte ihr wahre spirituelle Natur und ihre Verbindung mit dem erhabenen Schöpfer wieder bewußtgemacht werden. Zudem brauchte sie Hilfe, um die negativen Verhaltensmuster loszulassen, welche die dichten Schwingungen bedingten.

Im ganzen Universum erging ein Ruf an 144 000 verantwortungsvolle, entwickelte Wesen, die bereit sein würden, sich einige Male auf der Erde zu inkarnieren, dort zu lehren und Licht zu fokussieren, um das bestehende negative Ungleichgewicht aufzulösen.

Diese Wesen nennt man die Sterngeborenen, und von ihnen wird auch in der Bibel gesprochen. Obwohl die Bibel ein hohes Maß an Wahrheit enthält, sind sich heute viele Menschen bewußt, daß große Teile in nicht unerheblichem Maße verändert worden sind. Dies geschah zum einen durch unbeabsichtigte Fehler bei der Übersetzung, zum anderen aus der Absicht heraus, das Volk zu beherrschen, wie beispielsweise durch das Entfernen der Stellen über Reinkarnation beim Konzil von Nicäa, bei dem jedoch einige Hinweise übersehen wurden.

Die 144 000 kamen aus unterschiedlichen Galaxien und Existenzebenen; sie reisten durch Universen und trafen sich an einem vorab bestimmten Ort auf dem Orion. Dieses Treffen wurde von einem großen kosmischen Wesen geleitet, von Sanat Kumara, dem planetarischen Logos, welcher der göttlichen Weisung Christi folgte.

Es wurde abgesprochen, wer welche Mission erfüllen sollte, und Verträge wurden unterzeichnet. Diese Vereinbarungen sollten zum größten Teil gegen Ende des zwanzigsten Jahrhunderts kurz vor dem Jahr 2000 erfüllt sein.

Die Zahl 144 000 war mathematisch ermittelt worden, denn es bedurfte eines bestimmten Prozentsatzes an Sterngeborenen, um die verschiedenen Seelenfamilien auf der Erde zu vertreten. Wenn diese Sterngeborenen Bewohner der Erde würden, wäre es ihnen aufgrund der Voraussetzungen des universellen Gesetzes gestattet, im Namen ihrer Seelenfamilie Entscheidungen zu treffen und zu handeln. Das universelle Gesetz der Nichteinmischung besagt, daß außer den Bewohnern eines Planeten niemand die Erlaubnis hat, den Entwicklungszustand des Planeten zu ändern (ganz wie die oberste Raumbehörde beim Film «Star Trek»).

Es gibt drei Ausnahmen von dieser Regel.

1. Wenn ein Planet im Begriff ist, einen anderen zu zerstören.
2. Wenn ein Planet den Entwicklungsprozeß seiner Galaxis aufhält. Das bedeutet, daß eine Galaxis bereit ist, sich in eine höhere Dimension zu entwickeln, daran aber aufgrund der Unreife eines ihrer Planeten gehindert wird.
3. Wenn ein Planet im Begriff ist, sich selbst zu zerstören. Dieser neuere Zusatz zum Gesetz wurde, nachdem man die Lage auf der Erde begutachtet hatte, vor ungefähr 6000 Jahren beschlossen. Er beruhte auf der Erfahrung mit dem Planeten Maldek (Luzifer), der sich selbst sprengte und damit die ganze Galaxis in Mitleidenschaft zog.

Als die Bruchstücke Maldeks die Galaxis verschmutzten, landeten einige seiner Lebewesen, zum Beispiel die Spinnen, auf der Erde. Die meisten der Tierarten Maldeks waren braun oder schwarz. Wenn du zu den Menschen gehörst, die Angst vor Spinnen haben, dann versuche einmal, dich in die Lage der Spinnen zu versetzen: das schockierende Erlebnis, aus der Heimat gerissen und an einen Ort mit fremden Schwingungsmustern geschleudert zu werden, wo die meisten Menschen bei ihrem Anblick erschrocken die Hände emporrissen und versuchten, die ekligen Tiere zu töten. Doch wie bei allen Dingen fand auch hier ein Lernprozeß statt: Die Spinnen haben sich angepaßt, und viele Menschen hegen ihnen gegenüber heute freundliche Gefühle oder dulden sie wenigstens.

Es gibt noch eine weitere Ausnahme in bezug auf das Gesetz der Nichteinmischung. Das universelle Gesetz gibt uns die Macht und das Recht, Verfügungen zu erlassen (siehe Kapitel 9). Dieses Recht kann von jedem Lichtarbeiter in Anspruch genommen werden, der den Wunsch hat, im Dienste Gottes als Meister zu handeln. Seine Absicht muß jedoch rein sein. Es kann nicht für den Versuch mißbraucht werden, Pluspunkte zu sammeln. Wenn Lichtarbeiter dieses Recht nutzen, gibt es den aufgestiegenen Ebenen des Lichts die Erlaubnis zu handeln.

Ohne diese Erlaubnis sind sie an die Nichteinmischungsregel gebunden. Es ist von großer Wichtigkeit, daß dieses Recht verstanden und umfassend genutzt wird, damit das Licht dem Planeten im größtmöglichen Umfang helfen kann.

Obgleich vorgesehen war, daß in Zukunft andere Wesen auf die Erde kommen würden, um den Plan dort umzusetzen, wurden viele Sterngeborene gebeten, außer ihren hauptsächlichen Verpflichtungen zusätzliche Aufgaben zu übernehmen, um alle Eventualitäten zu berücksichtigen. Zu jener Zeit schien es wenig wahrscheinlich, daß diese zusätzlichen Aufgaben tatsächlich geleistet werden müßten.

Nachdem sich die Sterngeborenen auf dem Orion getroffen und zur Erde herabgestiegen waren, begannen viele andere

Wesen, ihre Hilfe anzubieten. Diese Wesen nennt man oft Lichtarbeiter.

Obwohl das Universum nur aus Energie besteht, die in verschiedenen Frequenzen schwingt, gebrauchen wir den Begriff «Dimension», um uns klar und verständlich auszudrücken. Wesen von verschiedenen Planeten und aus mannigfaltigen Galaxien und Dimensionen, deren Entwicklungsstufen die Dimensionen von der vierten bis zur unteren siebten umfaßten, beschlossen, sich dem Team auf der Erde anzuschließen. Den Wesen von den höheren Ebenen der siebten Dimension, wie etwa den Aufgestiegenen Meistern, ist es nicht gestattet, sich tatsächlich in einer dritten Dimension zu verkörpern, da es möglich wäre, daß ihre hohe Schwingungspräsenz die Entwicklung der Lebensformen in ihrer Umgebung beeinflußt. Sie können sich jedoch in ätherischer Form manifestieren oder einen ihrer Aspekte schicken. Die Bereitschaft und die Hingabe der Lichtarbeiter und der Sterngeborenen ermöglichten eine unvorstellbar große Veränderung der planetarischen Dichte. Sie kamen zu Tausenden, und im Laufe der Zeit gesellten sich noch viele Tausende zu ihnen, von denen sich jeder grundsätzlich dazu verpflichtete, ein niemals wankender Fokus des Lichts für die Erde zu sein. Jetzt sind es schon Millionen, und immer noch kommen mehr. Jene, die sich in jüngster Zeit inkarnieren, bieten diesem Planten einfach ihre Liebe und ihr Licht an und haben darüber hinaus keine Aufgaben. Vielleicht spürst du, daß du diesen Säuglingen und Kleinkindern unbedingt in die Augen schauen willst. Da sich viele von ihnen noch nie hier inkarniert haben, kann solch ein Kontakt mit einem erwachten Lichtarbeiter das sichere Gefühl in ihnen auslösen, in ihrer neuen Welt am richtigen Platz zu sein.

Viele Pläne wurden entwickelt, um die verschiedenen Arbeitsgruppen aufeinander abzustimmen, damit all die unzähligen Aufgaben in jedem irdischen Lebensbereich berücksichtigt werden konnten. Der Plan sah eine ganze Reihe von Inkarnationen vor, was wiederum eine außerordentlich komplizierte Planung mit präzisen Terminvorgaben nach sich zog und sowohl für den einzelnen wie auch für die damit befaßten Arbeitsgruppen großes Verantwortungsbewußtsein erforderte, da jeder sich während vieler Leben an die Abmachungen halten mußte, um den göttlichen Plan zu erfüllen.

Der Plan schloß ein Team von Erweckern mit ein, das bis 1991 selbst erwacht sein und in den vorbestimmten Ländern eintreffen sollte. Eine Aufgabe dieses Teams war es, die anderen aufzuwecken. Am Ende dieses Buches befindet sich ein Abschnitt, der für diese Gruppe geschrieben worden ist.

Um den Plan zum Erwecken der Kräfte des Lichts in die Realität umzusetzen, wurde jede verfügbare Form der Kommunikation genutzt, einschließlich aufgezeichneter Channelingsitzungen, Musik, Tanz, Klang, Essenzen und Schwingungsfarben, außerdem natürlich die traditionelleren Übermittlungsformen wie Bücher, Vorträge und Seminare. Obwohl es nicht immer erkannt wird, bedient sich der Geist all dieser Formen, und ein Großteil der Weisheit, die uns auf diesen Wegen erreicht, ist gechannelt. Allein wo das Ego seinen Platz sichtbar einnimmt, sind die Informationen kompliziert und schwer zu verstehen. Dieses Material gibt gewöhnlich den Standpunkt der inkarnierten Seele wieder oder stammt aus einer niedrigeren geistigen Quelle.

Die Lichtträger der Erde, die hier sind, um den Willen Gottes auszuführen, bezeichnet man mit vielen Namen. Weil diese Namen die Erinnerung stimulieren, mögen sich einige mit einer Bezeichnung wohler fühlen als mit einer anderen. Wie immer diese Namen lauten mögen, ob Legionen des Erzengels Michael oder Adler, ob Lichtträger, Regenbogenkrieger, Kräfte des Lichts oder Engel – in Wahrheit sind sie alle ein und dasselbe.

Der göttliche Plan für die Erde ist vollkommen. Entworfen in bedingungsloser Liebe, schließt er jede Lebensform auf der Erde mit ein und stellt sicher, daß für alle im Sinne ihres höchsten Wohles gesorgt wird. Himmel und Erde vereinigen sich, und die Liebe offenbart sich auf der Erde. Dieser Zustand wird Aufstieg genannt.

Der Plan sieht vor, daß sich die Erde – in Übereinstimmung mit dem göttlichen Willen – in eine höhere Dimension entwickeln darf. Dabei sollen ihr die universellen Kräfte des Lichts helfen, ganz gleich, ob verkörpert oder nicht. Diese Kräfte setzen sich aus Gruppen zusammen, die wir unter folgenden Namen kennen: Weiße Bruderschaft, Aufgestiegene Meister, kosmische Wesen, Erzengel und Engelreiche, die Welt der Devas und der Elementarwesen (der Schleier zwischen den Elementarwesen und den Menschen ist jetzt gelüftet), das Volk der inneren Erde (von denen viele in der fünften und sechsten Dimension existieren), die Weltraumbruderschaft, die Raumflotte der Intergalaktischen Konföderation, Planetensysteme wie der Sirius, die Lichtheere des Sternbildes der Pleiaden (ein noch in der Dualität befindliches System), Essasani und die vielen Lichtplaneten, die der Erde bei ihrer Geburt in eine neue Dimension des Lichts helfen wollen. Außerdem gibt es Raumflotten aus Systemen jenseits unserer Galaxis, die ebenfalls einen Beitrag leisten wollen, doch da ihre Schiffe für unser galaktisches Tor zu groß sind, helfen sie, indem sie Licht auf die Erde strahlen. Alle Wesen, die nicht Einwohner der Erde sind, bedürfen zuerst der Erlaubnis der inkarnierten Kräfte des Lichtes, wenn sie helfen wollen.

Die Blaupause des göttlichen Plans verändert sich nie, ebensowenig wie die ursprünglichen im Vertrag getroffenen Vereinbarungen. Doch aufgrund des «freien Willens und der freien Wahl», die jedem offenstehen, ändern sich einige Aspekte des Gesamtplans. Wenn es wünschenswert geworden ist, die Richtung oder ein Detail zu ändern, wird ein Treffen einberufen, und die Mitglieder des Teams beraten und planen, wenn nötig, neu. Dies geschieht zum Beispiel dann, wenn eine Aufgabe schneller erledigt wurde als vorgesehen. Gelegentlich kann es vorkommen, daß ein spirituelles Zentrum oder eine heilende Therapie, die früher auf der Seite des Lichts standen, von jemandem übernommen wird, der mit negativen Energien arbeitet. Solch ein falsches Lichtzentrum bemüht sich oft, Lichtarbeiter anzuziehen, indem es besondere oder verführerische Dienste anbietet, die normalerweise nicht verfügbar sind. Es kann sich dabei um Seminare handeln, auf denen man das Channeln erlernen kann, um oberflächliche Retreats oder die Behauptung, der Ort verfüge über besondere Energien. Natürlich machen echte Lichtzentren dieselben Angebote. Lasse dich deshalb von deiner Intuition leiten.

Die Treffen finden in einer höheren Dimension während des Schlafs statt, wenn alle Seelen der Erde Verbindung mit den spirituellen Sphären aufgenommen haben. Vielleicht hattest du das Gefühl, auf dem richtigen Weg zu sein, doch wenn deine Aufgabe in diesem Bereich beendet ist und du nicht länger gebraucht wirst, bleibst du plötzlich mit dem Gefühl zurück, dein «Bildschirm» sei leer, und du kennst deinen nächsten Schritt nicht mehr. Dieser leere Bildschirm gibt dir die Möglichkeit, dich umzustellen, und läßt dir Zeit, alle Verhaltensmuster, die du angenommen haben magst, wieder loszulassen. Während dieses Prozesses des Loslassens offenbart sich dir plötzlich ein neuer Weg. Es mag sein, daß deine ursprünglich getroffenen Verpflichtungen eine Reihe unterschiedlicher Aufgaben beinhalten, die zuweilen in Bereiche führen, zwischen denen keine Verbindung besteht. Wenn es dir gelingt, Veränderungen mühelos zu akzeptieren und deiner eigenen Begeisterung in Vertrauen und Glauben zu folgen, dann wird sich der neue Weg augenblicklich manifestieren. Das Gefühl der Begeisterung wird dir bestätigen, welcher Schritt für dich in jedem Augenblick der richtige ist. Es ist jedoch sehr wichtig, dabei genau zu beobachten, welcher Aspekt einer Sache dich begeistert. Du hörst vielleicht von einem Seminar über Farbheilung, das an einem bestimmten Ort stattfinden soll, und du fühlst dich freudig erregt. Prüfe einfach, was exakt deine Freude ausgelöst hat: Sind es die Farben, das Heilen, der Ort oder irgend etwas ganz anderes, das deine Aufmerksamkeit erregt hat?

Weil alle Sterngeborenen und die Mehrheit der Lichtarbeiter früher in die fünfte Dimension oder sogar höher aufgestiegen waren, haben sie bereits einen Lichtkörper ausgebildet, der für die fünfte Dimension das ist, was der feste Körper für die dritte Dimension bedeutet.

Jetzt aber haben sie das erste Mal die Möglichkeit, sich mit dem physischen Körper selbst aus dieser Ebene der Verdichtung zu erheben (siehe Kapitel 4). Man könnte jede Entwicklung, die in eine höhere Dimension führt, eine Stufe des Aufstiegs nennen, wobei die fünfte Dimension als die erste Ebene gilt. Die Aufgestiegenen Meister haben zum Beispiel die höheren Stufen der siebten Dimension erreicht.

Der kleinere Prozentsatz der Lichtarbeiter, der aus der vierten Dimension stammt, ist gegenwärtig dabei, einen Lichtkörper auszubilden – zusammen mit jenen Menschen, die sich ebenfalls zu ihrem ersten Aufstieg in die fünfte Dimension entschlossen haben. Dies geschieht ganz von selbst, wenn sich während des Klärungsprozesses die Schwingungsrate erhöht.

Es ist eine große Einschränkung für Wesen, sich aus höheren Ebenen der Bewußtheit und der Freiheit in die dritte Dimension der Verdichtung zu inkarnieren. Viele Mitglieder der Kräfte des Lichtes stammen von nahezu unvorstellbar herrlichen Orten, wo sie in Körpern aus schimmerndem Licht und mit einem Sichthorizont von 360 Grad in reinem Wissen lebten. Dies aufzugeben und in den begrenzten Formen eines festen dreidimensionalen Körpers mit all seinen Beschränkungen, seiner Verletzlichkeit und eingeschränkten Wahrnehmungsfähigkeit Gestalt anzunehmen, ist schon für sich genommen ein Meisterstück. Sich darüber hinaus noch durch die Annahme einschränkender Verhaltensmuster und der für die einzelnen Kulturen bedeutenden Lehren noch tiefer in die Dichte zu versenken ist wahrlich ein Akt des Dienens.

Dieser Prozeß ist so angelegt, daß er mit der Vollendung vieler anderer wichtiger universaler Zyklen zusammenfällt, und wird in ungefähr zwanzig Jahren im Jahr 2011 enden. Dieses Jahr markiert auch das Ende des ägyptischen, des tibetischen und des Maya-Kalenders. Die kommende Zeit wird «Wassermannzeitalter» genannt, eine 2000 Jahre dauernde Periode des Friedens, der Harmonie und des «Ich weiß». Wir beenden gerade das Fische-Zeitalter, die Zeit des «Ich glaube». Dieser Zyklus, in dem die Menschheit lernen sollte, daß wir alle Brüder und Schwestern sind und Mitgefühl füreinander hegen, wurde vor 2000 Jahren von Jesus eingeleitet. Die Periode davor war das Zeitalter des Widders, des «Ich bin».

Prophezeiungen über das Ende der Erde können wir in vielen Überlieferungen alter Religionen und Zivilisationen finden. Oft sind symbolische Konzepte in ein dreidimensionales Verständnis übersetzt worden, wodurch angsterregende Vorhersagen über Zerstörungen entstanden. In Wahrheit neigt sich die Zeit des Schmerzes, des Leidens und des Lernens durch Beschränkungen ihrem Ende zu. Die bisherige Lebensform vollendet sich, und eine neue Art des Lernens, welche die göttlichen Eigenschaften Liebe, Harmonie, Redlichkeit, Dienst und friedliches Zusammenleben in sich vereint, nimmt ihren Anfang. Diese Existenzform kann man «Christusbewußtsein» nennen, ein Begriff, der sich nicht auf den engen Rahmen der Religion beschränkt, sondern auf das Bewußtsein hinweist, spirituelle Wesen zu sein, verbunden mit dem göttlichen universalen Bewußtsein. Das Ende der Kalender im Jahre 2011 mag durchaus den endgültigen Schlußpunkt für die dann noch übriggebliebenen Lebensweisen in der dritten und vierten Dimension anzeigen.

Wenn wir den freien Willen und die Wahlmöglichkeiten von Mutter Erde zulassen, ihren Weg und den dazugehörigen Prozeß selbst zu bestimmen, können wir vielleicht im Jahre 2012 die Geburt dieses Planeten in die neue Dimension erleben. Es wird die Geburt eines wunderbaren, lang erwarteten neuen Zeitalters sein, in welchem sich jeder auf der Erde seiner Verbindung mit Gott bewußt ist und wahrhaft im Geist lebt. Das würde bedeuten, daß alle niedrigeren Schwingungen gereinigt, ausgeglichen und verwandelt worden sind.

Die besondere Inkarnation, in der wir uns alle jetzt befinden, ist die wichtigste. All die umfangreichen, mehrere Leben dauernden Vorbereitungen bewirken heute, daß diese Periode zu einem erfolgreichen Abschluß findet. Im Laufe der letzten Jahre dieses Jahrhunderts wird die Mehrzahl der Missionen beendet, und die Kräfte des Lichtes kehren nach Hause zurück. Die Zepter werden den Wesen der zukünftigen Zeitalter übergeben. Es war nie für nötig befunden worden, daß die Kräfte des Lichtes so lange hierbleiben, bis die Erde vollständig in die neue Dimension geboren sein wird.

Lichtarbeiter und Sterngeborene wurden zwar im Laufe der letzten neunzig Jahre zu *allen Zeiten* geboren, doch es hat bestimmte Zeiträume gegeben, in denen sie sich besonders häufig inkarnierten.

In der Zeit zwischen 1910 und 1925 verkörperte sich eine große Anzahl Sterngeborener, welche die Informationen mitbrachten, die Kräfte des Lichtes zu erwecken. Zu dieser Gruppe gehören wunderbare Wesen wie Sir George Trevelyan, der Gründer des *Wrekin Trust* in Großbritannien und Vorreiter eines großangelegten spirituellen Erwachens. Diese bemerkenswerten Wegbereiter durchlebten oft schwere Zeiten. Sie mußten nicht nur mit den Kontroversen zurechtkommen, die häufig entstehen, wenn man Neuland betritt; die Mehrzahl von ihnen hatte auch nicht den Vorteil aller Spätergeborenen, in Sterngeborenen- oder Lichtarbeiterfamilien hineingeboren zu werden.

Vielleicht sagst du: «Ich bin nach 1925 geboren und glaube nicht, daß meine Familie aus Lichtarbeitern besteht.» Wenn du so denkst, hast du vielleicht versäumt, das größere Bild zu betrachten. Ungeachtet deiner Annahmen und Meinungen wirst du von einer höheren Perspektive aus erkennen, daß deine Familie dir wirklich dabei hilft, etwas loszulassen oder zu überwinden, und du hilfst ihr ebenfalls. Oft sind jene, die dich am meisten lieben, bereit, die größten Opfer zu bringen. Sie sind es, die den niederträchtigen Vater, den treulosen Liebhaber, den schlagenden Ehegatten, ja selbst den Mörder spielen.

Die meisten Sterngeborenen und viele Lichtarbeiter inkarnierten sich gegen Ende des Zweiten Weltkriegs. Viele waren in den Krieg verwickelt, erfüllten Vereinbarungen und brachten ihr Karma ins Gleichgewicht. Die meisten Mitglieder dieser speziellen und der 1910 geborenen Gruppe haben die am längsten dauernden Missionen erfüllt und hatten ein hohes Maß an Klärung zu leisten. Während sie durch all die Reinigungen, Einweihungen und Prüfungen gehen, mit dem ICH BIN verschmelzen und multidimensionale Wesen werden, mag es alten Freunden oder der Familie zu gewissen Zeiten scheinen, als befände sich eine geisteskranke Person unter ihnen. Bei all den merkwürdigen Dingen, die geschehen, hat man wirklich allen Grund, sich zu wundern. Gewöhnlich ist unter dem Chaos jedoch das Wissen verborgen, daß alles in Ordnung ist, und du weißt, daß dies alles notwendig ist, obwohl der Grund dafür gewöhnlich völlig im dunklen bleibt und unmöglich zu verstehen ist. Du gehörst zu den zähesten Wesen im ganzen Universum, und deshalb betrachten viele andere Planetensysteme die wundervolle Ausdauer, die hier von den Kräften des Lichtes gezeigt wird, mit Hochachtung und ungläubigem Staunen.

Zwischen den Jahren 1965 und 1973 inkarnierte sich dann eine große Anzahl Lichtarbeiter, von denen viele sehr hoch entwickelt sind. Wie die Mehrheit der Kräfte des Lichtes sind sie Meister. Einige von ihnen sind Sternenkinder, und diese entwickelten Wesen werden oft von einer Aura der Unschuld und Verletzlichkeit umgeben. Die meisten sind mit den Verhaltensmustern der Erde nicht vertraut und können mit den Emotionen und den Spielen, die auf der Erde gespielt werden, schlecht umgehen. Aus der Sicht ihrer Eltern scheinen sie in emotionale Dramen verstrickt und an der materiellen Seite des Lebens interessiert zu sein. Dies liegt vor allem daran, daß sie versuchen, die irdischen Verhaltensmuster rasch zu lernen, damit sie die Wirklichkeit des Lebens hier verstehen, um sich mit jenen identifizieren zu können, denen sie helfen sollen.

Diese Wesen sind Meister aus höheren, feiner schwingenden Ebenen, oft von anderen Planetensystemen. Weil sie nicht an diese Dichte mit ihren gröberen Schwingungen gewöhnt sind, glauben sie oft nicht hierherzugehören, und sie können sich sehr einsam fühlen. Es hilft ihnen, wenn ihre Eltern sich ihrer Situation bewußt sind, sie liebevoll anleiten und ihnen helfen, eine Beziehung zu dieser Welt zu entwickeln. Diese Wesen haben im allgemeinen zusätzlich zu der Aufgabe, Liebe und Licht über den ganzen Planeten zu verbreiten, besondere Missionen. In vielen Fällen ist eine ihrer Aufgaben, ihre Sterngeborenen-Eltern zu wecken.

Obgleich es nicht üblich ist, Veränderungen im Entwicklungsweg vorzunehmen, gibt es in dieser Zeit Ausnahmebewilligungen für jene Wesen, die einen anderen Weg gehen wollen. Viele Engel und Gnome sind heute auf der Erde verkörpert. Engel haben sich auch zu anderen Zeiten inkarniert, wenn dies auch nicht allgemein üblich war. Wenn ein Wesen alle Lernprozesse auf seinem Entwicklungsweg abgeschlossen hat, mag es um die Erlaubnis bitten und diese auch erhalten, vom Lernweg des Engelreiches zum Weg der Menschen zu wechseln und umgekehrt. Mutter Maria gehörte zum Engelreich, bevor sie sich als Mutter Jesu inkarnierte. Für diese Rolle war sie intensiv geprüft worden. Man hatte von ihr verlangt, sich viele, viele Jahre ausschließlich auf das Licht zu konzentrieren. Zu diesem Zweck verbrachte sie einen langen Zeitraum allein in der Wildnis. Dies tat man, um sich sicher darauf verlassen zu können, daß sie das Licht während des gesamten Lebens Jesu bewahren konnte.

Ein weiterer Zustrom von Lichtarbeitern kam um 1988 zur Erde, und diese Wesen behalten das Bewußtsein ihrer Verbindung zur Quelle. Wenn du ihnen einen Kristall gibst, reagieren die meisten augenblicklich darauf. Viele von ihnen sind Sternenkinder und nur zu dem Zweck auf der Erde, Licht und

Liebe zu channeln. Die in dieser Gruppe Inkarnierten kann man nicht als Einwohner der Erde betrachten. Sie haben keine andere Aufgabe, als da, wo sie auch sein mögen, Licht und Liebe zu verbreiten. Vielen von ihnen ist bewußt, daß sie nicht sehr lange in dieser Dichte sein werden. Manche werden ein kurzes Leben lang bleiben, um denjenigen zu helfen, die durch ihren Lernprozeß auf diesem Planeten in der fünften Dimension gehen und damit dem Aufstieg der Erde folgen.

Alle Säuglinge, die seit 1992 in Lichtarbeiterfamilien geboren wurden, sind selbst Lichtarbeiter, haben aber normalerweise keine andere Aufgabe als das Bündeln von Liebe und Licht. Sie haben ein noch größeres Bewußtsein dessen, wer sie wirklich sind, als die zwischen 1965 und 1973 Geborenen. Sie wissen ebenfalls, daß sie nicht lange hier sein werden.

Es ist der Erwähnung wert, daß die Mehrheit der seit 1965 geborenen Lichtarbeiter nicht die gleichen Erweckungsprozeduren nötig haben wie die Langzeit-Missionare. Sie haben nicht so unendlich viele dreidimensionale Prägungen angenommen und müssen auch nicht aus einem langen, tiefen Schlaf geweckt werden. Während daher die Langzeit-Sterngeborenen und -Lichtarbeiter den Erweckungsprozeß und die Idee des Aufstiegs sehr aufregend finden, solltest du nicht überrascht sein, wenn diese Jüngeren dies alles ein bißchen langweilig oder übertrieben finden. Sie kommen ohne Seminare, Klärungstechniken, Bücher und Vorträge aus, die einem großen Prozentsatz der Kräfte des Lichts so viel bedeuten. Manche werden sich mit ihren Kindern über deren scheinbar mangelndes Interesse am Aufstieg streiten. Du magst enttäuscht darüber sein, daß dein Kind die Schritte, die du unternimmst, um deine Identität wiederzuerlangen, nicht unterstützt. Mach dir bitte klar, daß die Mehrzahl keine Ahnung hat, wie man sich fühlt, wenn man den ganzen Prozeß durchlaufen hat. Statt dessen mögen sie sich wütend dagegen wehren, wenn sie dieses Buch lesen oder zu jenem Vortrag gehen «müssen» oder wenn man versucht, ihnen Schuldgefühle einzureden, weil sie sich nicht für Dinge interessieren, die dir wichtiger als alle körperlichen Bedürfnisse sind. Sie können deine Aufregung darüber, daß alles endlich wirklich geschieht, nicht nachvollziehen. Außerdem verstehen sie deinen tiefen Überdruß nicht und auch nicht deine Sehnsucht nach zu Hause. Auch sie wollen nach Hause gehen, doch für die meisten von ihnen ist es mehr ein lässiges «Okay, wenn ich genug davon habe, werde ich von hier abhauen». Viele von ihnen wollen «absolut alles sehen und alles tun», ehe sie gehen, und beeilen sich, dies in der zur Verfügung stehenden Zeit auch zu schaffen.

Auch sie sind Meister, und du mußt darauf vertrauen, daß sie ihren Weg auf ihre eigene Art und Weise und zu ihrer eigenen Zeit finden, genau wie du es getan hast. Es wird jedoch wahrscheinlich ihr Weg sein und nicht der, den du gewählt hast. Das sollte dich nicht daran hindern, sie mit Intuition zu führen, denn oft brauchen sie wirklich Anleitung. Da sie spirituell entwickelt sind, kann das taktvolle Erwähnen einer anwendbaren geistigen Wahrheit ihnen helfen, die richtige Sichtweise zu gewinnen. Ihr habt vor der Geburt vereinbart, ihnen als ihre Eltern zur Seite zu stehen, da ihr die irdischen Verhaltensweisen gut beherrscht, und sie wußten, daß sie in guten Händen sein würden, während sie «das ABC» erlernten. Weil es deine Aufgabe ist, sie zu lehren, und du diese Vereinbarung ernst nimmst, könntest du leicht in Versuchung kommen, sie ständig zu verbessern. Vergiß nicht, ihnen für all jene Lebensbereiche, in denen sie Erfolg haben, Anerkennung zu zollen, denn das brauchen sie. Wenn du weißt, woher sie kommen, wird es dir leichter fallen, sie zu lieben und sie bei den Schwierigkeiten, die sie mit der Schwingungsdichte unseres Planeten haben, zu unterstützen. Sie sind normalerweise sehr intuitiv und aufnahmefähig und werden, wenn man ihnen erlaubt, der eigenen Führung zu folgen, ihren Weg dem Plan gemäß gehen.

Es ist nicht viel anders als bei normalen Eltern-Kind-Beziehungen, abgesehen davon, daß ihr alle Meister seid. Ihr, die Eltern, wacht jetzt auf und erinnert euch, wer ihr seid. Sie, die

Kinder, haben das Bewußtsein ihrer tiefen Verbindung mit der Quelle nie verloren, selbst wenn sie nie darüber sprechen oder noch nicht einmal wissen, wie sie dies ausdrücken sollten. Sie wissen zutiefst, daß sie aufsteigen werden, wenn sie hier fertig sind. Vielleicht würden sie es nicht Aufstieg in dem Sinne nennen, wie du es verstehst. Es ist ein unbewußtes Wissen, so daß sie oft nicht auf die Informationen reagieren, die sie über den Aufstieg hören mögen.

Die Mitglieder der Kräfte des Lichts müssen unterschiedliche Prozesse durchlaufen, um aufzuwachen. Dies hängt vom Weg ab, auf dem man hierhergekommen ist, von dem Ort, von dem man ursprünglich abstammt, und von der Dauer der Zeit, die man hier verbracht hat.

Unsere Haustiere gehören ebenfalls zu jenen Kräften des Lichts, die eng mit uns zusammenarbeiten. Du wirst spüren, daß sich in diesem speziellen Leben viele Tiere mit alter Seele verkörpern. Oft hat dich deine Katze oder dein Hund schon während vieler Leben begleitet und ist gekommen, um dich ein letztes Mal auf der Erde zu unterstützen. Häufig kannst du große Weisheit in ihren Augen erkennen, denn die Augen sind bei allen Lebewesen die wirklichen «Fenster der Seele».

Die meisten Mitglieder der Kräfte des Lichts haben im Rahmen ihrer Mission Aufgaben, die während des Schlafs in den geistigen Reichen durchgeführt werden. Wenn du dich nicht daran erinnerst, was du in der Nacht tust, gibt es mehrere Gründe dafür. Es liegt nicht daran, daß du nicht genügend entwickelt oder nicht klug genug bist, um dich zu erinnern. Du magst mit deiner ICH-BIN-Gegenwart beschlossen haben, daß es für das höhere Wohl der Mission förderlicher ist, wenn du die Ereignisse der Nacht nicht behältst, und zwar aus den folgenden Gründen:

1. Die meisten Mitglieder der Kräfte des Lichts lernen momentan, ihren Überdruß loszulassen. Dies wird, wie immer in den letzten Phasen einer Mission, von dem

Wunsch begleitet, den Planeten zu verlassen. Aus der höheren Sicht deines Schlafzustandes hast du erkannt, daß es für dich schwerer sein würde, so lange bereitwillig in der Verdichtung zu bleiben, bis deine Mission vollendet ist, wenn du dich an die Wahrnehmungen der höheren Bereiche erinnerst.

2. Man hat ausgerechnet, daß die meisten Menschen täglich bis etwa zwei Uhr nachmittags brauchen würden, um wieder geerdet zu sein. Dies würde deine Möglichkeiten, deine Aufgaben zu erledigen, ernsthaft gefährden und damit die Mission als Ganzes beeinflussen. Wenn du glaubst, daß deine Engel oder deine Führer dir bei dieser Anpassung helfen können, so ist das richtig. Doch diesmal bist du auf der Erde, um selbst Meisterschaft zu erlangen.

3. Ein weiterer Faktor hat mit unseren irdischen Verpflichtungen zu tun. Viele Aufgaben, die während des Schlafes in den höheren Reichen geplant und ausgeführt werden, sind von einem höheren Standpunkt ausgearbeitet worden, der einen Überblick über die gesamten Ereignisse auf der Erde erlaubt. Es kann außerordentlich verwirrend sein und dein Leben und deine Interaktionen mit anderen äußerst schwierig gestalten, wenn du die bewußte Sicht dessen beibehältst, was jeder im Rahmen der höchsten göttlichen Ordnung zu tun hat, um diesen Plan erfolgreich zum Abschluß zu bringen. Da jeder einen freien Willen hat und frei entscheiden kann, beschließen nicht immer alle, den göttlichen Anweisungen zu folgen. Wenn du mit der Fähigkeit zurückkehren würdest, die Gedanken und Absichten des höheren und des niederen Selbst zu sehen, würdest du es auch nicht immer einfach finden, die Grenze zwischen beiden zu ziehen. Wenn man beides sehen kann, nimmt man sehr leicht an, daß sich das niedere Selbst des höheren Ziels bewußt ist. Diese Annahme könnte dazu führen, daß deine Worte und Taten Verwir-

rung stiften, den freien Willen beeinflussen und möglicherweise das Wachstum eines anderen Menschen einschränken würden.

Sobald du den Punkt erreicht hast, wo du dich an all deine nächtlichen Aktivitäten erinnern und dennoch im vollkommener Klarheit, konzentriert und geerdet handeln kannst, wird dies geschehen. Die Erdmission verläuft planmäßig und ist ihrem Zeitplan im Augenblick ein wenig voraus. Zuweilen verläuft sie etwas schneller, dann wieder hinkt sie ein bißchen hinterher; bestimmte Etappenziele werden allerdings immer erreicht, damit der Prozeß des stetigen Fortschreitens gesichert ist.

Die Mehrheit der Kräfte des Lichts, Millionen an der Zahl, ist nun aufgeweckt und schreitet auf ihrem selbstgewählten Weg voran. Die meisten erreichen die letzten Stufen der Klärung ihrer dreidimensionalen Verhaltensmuster. Abgesehen davon, anderen zu helfen, widmeten viele Menschen in den letzten Jahren ihrem eigenen Erwachen und ihrer Klärung große Aufmerksamkeit, um herauszufinden, warum sie hier sind, und um ihren persönlichen Weg zu finden. Viele suchten nach der bestimmten Rolle, die sie in dieser Inkarnation spielen sollten. Von diesen haben seither zahllose Menschen entdeckt, daß dies oft eine ganze Reihe von Aufgaben umfaßt und daß sie nicht mehr tun müssen, als im Augenblick zu leben und ihrer Begeisterung zu folgen.

Sobald man vollständiger aufgewacht ist, hat man weniger Interesse an gechannelten Informationen, Büchern und Seminaren. Dann besucht man ein Seminar eher aus dem Bedürfnis heraus, an der Energie und der Gesellschaft anderer Lichtarbeiter teilzuhaben. Der Zusammenschluß von Lichtarbeitern und Lichtzentren schreitet überall auf der Welt in einem unglaublich schnellen Tempo voran. Wie im ursprünglichen Plan vorgesehen, ist die zunehmende Beschleunigung der Kommunikation überaus hilfreich. Wenn alle Mitglieder der Kräfte des Lichts merken, daß es ihnen möglich ist, auf Anhieb verschiedene Energien und Wahrheitsebenen zu erkennen, wird sich vielleicht ein System entwickeln, das alle Lichtzentren der Welt miteinander verbindet – eine Möglichkeit, die sich durch die Computer anbietet.

Da die meisten Meister des Lichts genug für ihre Vorbereitung getan haben, richtet jeder seine Aufmerksamkeit auf die nächste Arbeitsphase. Viele wird es begeistern, alle Bereiche des Menschseins durchdringen zu können und Liebe und Licht, immer höhere Schwingungen und ein stetig wachsendes Bewußtsein über die Erde zu verbreiten. Es ist wichtig, daß du dem göttlichen Prozeß und dem höheren, übergeordneten Plan vertraust, besonders dann, wenn dir deine Aufgabe nicht immer sehr spirituell erscheinen mag.

Viele Bewohner der Erde haben bereits ein ausgesprochen spirituelles Bewußtsein, doch es ist nicht notwendig, daß die Menschen von spirituellen Dingen wissen. Niemand muß von der Idee des Aufstiegs gehört haben, um aufsteigen zu können. Wenn es für den Erfolg des Plans notwendig gewesen wäre, daß jeder einzelne sich aller spirituellen Dinge bewußt wird, wäre ein längerer Zeitraum nötig gewesen, um das Ziel zu erreichen. Das einzige, was für jeden wirklich zählt, ist seine Verbindung zur Quelle. Dies kann dadurch bewirkt werden, daß man sich von der Furcht ab- und der Liebe zuwendet. Der Plan hat viele Teile, aber manchmal kann so etwas Einfaches wie der Anblick eines liebevollen Menschen einen anderen dazu bewegen, selbst liebevoller zu werden. Die Kräfte des Lichts können in aller Welt durch ihr Beispiel zeigen, daß das Leben in liebevoller Harmonie gelebt werden kann. Wenn andere dies sehen, werden viele ein solches Leben für sich selbst wählen.

Jeder einzelne trifft Entscheidungen über die Art, wie er sein Leben führen will. Wenn er eine negative Form wählt, entschließt er sich, im dreidimensionalen Lernmuster zu bleiben. Alle, die sich in irgendeinem Moment für negative Denk- oder Handlungsweisen entscheiden, lösen ihre Verbindung zur Quelle. Während dieser negativen Augenblicke kann ihre persönliche Schwingung nicht erhöht werden. Durch den Einfluß starker negativer Energien ist es möglich, daß ein Mensch seine Schwingung zurück auf ein dichteres, langsameres Energieniveau drückt. Denke daran, daß eine höhere und leichtere Schwingung eine innigere Verbindung mit den höheren Ebenen von Wahrheit und Weisheit ermöglicht.

Wenn wir einen positiven, liebevollen Weg wählen, stellen wir automatisch einen Kontakt zur Quelle her. Dies verbindet uns mit der harmonischen natürlichen Bewegung der Erde. Während sich die Erde auf ihre neue Entwicklungsebene zubewegt und ihre Schwingung ständig feiner und schneller wird, verbindet sich jeder, der sich mit dem göttlichen Universalstrom vereint, ganz natürlich mit der immer rascher werdenden Schwingungsfrequenz der Erde. Diese Verbindung kommt in jedem Augenblick zustande, in dem wir mit der Quelle vereint sind.

Die Verbindung mit der Bewegung der Erde ist nicht der einzige Weg, auf dem ein Mensch aufsteigen kann. Jeder kann sich ganz unabhängig von der Erde bewegen und seine eigene Schwingung in reines Licht verwandeln. Die Kräfte des Lichts gehen der Erde voraus, indem sie einen Weg für andere schaffen. Durch Weisheit und Liebe kann jeder in jedem Augenblick aufsteigen. Dies ist immer so gewesen.

Heute gibt es eine Menge Freude und Liebe auf der Erde. Wenn wir unsere Sichtweise allein auf das beschränken, was die Medien größtenteils vermitteln, nehmen wir vor allem Furcht und Leid wahr. Natürlich bestimmen wir selbst den Inhalt dessen, was uns die Medien mitteilen. Das kommende Zeitalter wird eine Ära unendlicher Freude sein. Wir trennen uns von einer Gesellschaft, die sich auf den Grundpfeiler «Zeit ist Geld» stützte, und wechseln zu einer Ordnung über, die sich auf Liebe gründet. Dort wird man wirklich verstehen, daß *alle* Lebensformen Teile Gottes sind und in Frieden und Harmonie zusammenleben müssen.

Viele große universelle Zyklen kommen zum Abschluß, und in vielen Sphären können höhere Entwicklungsebenen verwirklicht werden. Unsere Galaxis erlebt im Augenblick eine ihrer größten Transformationen – und mit ihr die Erde! Dies ist so vorherbestimmt, und so wird es auch sein. Es ist nicht nötig, daß du daran glaubst, damit es geschieht. Du hast diesem Plan vor langer Zeit zugestimmt, und es ist der Wille Gottes.

Die Mission auf der Erde nähert sich ihrer Vollendung. Am Horizont der Erde dämmert bereits die neue Ära, das universelle siebte Goldene Zeitalter. Die gesamte Galaxis bewegt sich in die fünfte Dimension. Eine wunderbare neue Welt erscheint am Firmament, wenn die Pracht des goldenen Gottesstrahls in das Bewußtsein jeden Mannes, jeder Frau und jedes Kindes auf Erden dringt und die Erinnerung in ihnen weckt, daß alles Leben göttlich ist. Eine alte Lebensform vollendet sich, und eine wunderbare neue Welt entsteht in einer neuen Dimension, welche die göttlichen Eigenschaften der bedingungslosen Liebe, Harmonie, Redlichkeit, Demut und des friedlichen Zusammenlebens umfaßt.

Die Erde erlangt den Status eines heiligen Planeten, da sie aus der tiefsten Dichte, die je im Universum existiert hat, aufsteigt in eine Dimension reinen Lichtes. Dies wird alle Schmerzen und alles Leid beenden. Alles, was auf der Erde gelernt wurde, geht über in das universelle Bewußtsein und erschafft dort ein neues Muster für das gesamte Universum.

Überall im Universum beobachten Millionen diese gewaltige Transformation mit begeisterter Ehrfurcht. Die Erde beginnt in violettem Licht zu strahlen, und ein über hundert Meilen breiter Wall aus Licht wird über Galaxien hinweg sichtbar werden. Die gesamte Galaxis bewegt sich nun im Einklang mit der Erde.

Während die letzten energetischen Gitterstrukturen und Blaupausen in ihren Stellungen verankert werden, ist die Erde für ihre endgültige Verlagerung in eine neue Dimension bereit. Die Regenbogenkrieger, die Hüter der Erde, übergeben das

Zepter nun an diejenigen, die der Erde im neuen Jahrtausend den Weg weisen werden.

Der erstaunliche Einsatz der Regenbogenkrieger auf der Erde und die unerschütterliche Liebe und Hilfe aus den aufgestiegenen Reichen haben diesen Plan in all seiner Vollkommenheit und in seinem Glanz verwirklicht, denn die Erde bewegt sich stetig, sicher und unfehlbar auf ihre neue Rolle in der fünften Dimension zu.

2
Die ursprünglichen Vereinbarungen

Jeder Sterngeborene und jeder Lichtarbeiter willigte ein, eine gewisse Anzahl von Leben auf der Erde zu verbringen und Licht zu bündeln, um eine Veränderung im Gleichgewicht der Erdenergien zu bewirken. Fast alle Sterngeborenen und Lichtarbeiter sollten gegen Ende der neunziger Jahre damit zum Abschluß kommen.

Ein übergeordneter Plan wurde ausgearbeitet, dessen unzählige Aufgabenbereiche alle Gebiete abdeckten, damit die Freiheit eines jeden Wesens und einer jeden Lebensform auf der Erde sichergestellt wurde.

Nachdem die einzelnen Lichtarbeiter das Gebiet gewählt hatten, auf dem sie zu arbeiten wünschten, wurden individuelle Programme ausgearbeitet und Arbeitsgruppen gebildet. Diese Teams inkarnierten sich auf der Erde, und das langwierige Programm begann, in dessen Rahmen viele zu Lehrern, Philosophen, Helfern und Hütern der Erde wurden.

DIE URSPRÜNGLICHEN VEREINBARUNGEN

ICH BIN.

ICH BIN unendliche Liebe.

ICH BIN vollkommene Redlichkeit.

ICH BIN unendlich und unbesiegbar.

ICH BIN hier im Dienste des Lichtes.

ICH BIN ein Schöpfer der Wirklichkeit.

ICH BIN ermächtigt, im Namen Gottes zu handeln.

ICH BIN hier, um der Erde bei ihrer Geburt in eine neue Dimension zu helfen.

ICH BIN hier, um alle Einschränkungen auf diesem Planeten aufzulösen.

ICH BIN hier, um große Lichtmengen in die irdische Ebene zu channeln.

ICH BIN ein Multidimensionaler Meister und habe die Verleugnungen und Einschränkungen der irdischen Ebene ertragen. Ich lasse dies alles los und bin bereit, die Verwandlung und Umgestaltung der Erde und ihrer Menschen in das goldene Zeitalter des Friedens und der Liebe zuzulassen.

ICH HABE das Recht, die Hilfe der großen Mächte des Lichts, aller Ratsversammlungen, Bündnisse, Föderationen, der aufgestiegenen Meister und jedes Reiches auf der Erde zu erbitten.

ICH HABE das Recht, im Sinne des universellen Gesetzes Verfügungen zu erlassen.

DIE ZEIT ist gekommen, mich wie vereinbart loszulösen, meine Aufgabe zu vollenden und nach Hause zurückzukehren.

ALLES im Universum ist gut und in Ordnung.

Während sich die ersten sechs Punkte von selbst verstehen, werden die übrigen nun ausführlicher behandelt.

ICH BIN ermächtigt, im Namen Gottes zu handeln.

Du bist im Dienste Gottes auf der Erde, und für diesen Dienst bist du voll und ganz geeignet, sonst wärst du nicht hier. Aus diesem Grunde hast du das Recht, dich verschiedener Energien, Kräfte und Fähigkeiten zu bedienen. Wenn du den Punkt erreicht hast, an dem das Ego genügend mit dem Geist verschmolzen ist, kannst du dieses Recht ausüben. Auf dieser Stufe stehen deine Integrität und dein Dienen an erster Stelle in deinem Leben. Du wirst feststellen, daß dir die Fähigkeiten, die du zur Erfüllung deiner Aufgaben brauchst, von diesem Zeitpunkt an zur Verfügung stehen. Du mußt dich nicht mit Übungen oder Ritualen herumschlagen, um sie zu erreichen. Folge einfach dem göttlichen Fluß! Übe dich darin, dies immer zu tun, dann wird sich alles wie von selbst in Vollkommenheit offenbaren. Wenn sich eine bestimmte Übung richtig für dich anfühlt und dir Freude bereitet, dann ist dies ein Zeichen, damit fortzufahren. Denke daran, daß es Millionen unterschiedlicher Wege gibt, Fertigkeiten zu erwerben, die diesen Planeten heilen. Die Fertigkeiten, die du vor langer Zeit für dich wähltest, lösen das vorprogrammierte Gefühl der Begeisterung in dir aus. Du hast das Recht, Verfügungen zu erlassen (Kapitel 9). Ihr seid Mitschöpfer, und ihr bringt die Erkenntnis auf die Erde, daß die Entwicklung in die fünfte Dimension stattfindet. Durch eure mächtige Gegenwart des ICH BIN habt ihr die Autorität, wie Gott zu handeln.

ICH BIN hier, um der Erde bei ihrer Geburt in eine neue Dimension zu helfen.

Die Erde entwickelt sich von der dritten durch die vierte in die fünfte Dimension, und du bist hier, um ihr dabei zu helfen.

1. Die *dritte* Dimension ist die feste, physische Welt, die wir um uns herum sehen. Zu dieser Dimension gehört die gesamte sichtbare Welt einschließlich unserer Körper. Hier verstreicht Zeit zwischen einem Gedanken und dessen Manifestation in der Realität der physischen Welt.
2. Die *vierte* Dimension ist die Welt der Emotionen. Jedes lebende Wesen, einschließlich der Erde, ist von einem vierdimensionalen Körper umgeben, dem Körper der Gefühle. Wenn du die Aura um Menschen, Bäume und

Tiere wahrnehmen kannst, schaust du in die vierte Dimension. Diese Ebene wird noch vom Zeitfaktor bestimmt; hier braucht man immer noch ein Gedächtnis, um zu «wissen». Im unteren Teil dieser Dimension befindet sich jener Bereich, den wir Astralebene nennen.

3. Die *fünfte* Dimension ist eine Welt des Lichts, in der das Leben durch höhere Weisheit, Liebe, Frieden und Harmonie erfahren wird und wo jeder sich bewußt ist, daß *alles* Leben miteinander verbunden ist. Auf dieser Ebene gibt es keine Dualität. Wenn man in dieser Dimension sichtbar sein will, bedient man sich des «Lichtkörpers». Man existiert im ewigen *Jetzt*, deshalb gibt es keine «Zeit» und kein Karma. *Gedanken* manifestieren sich auf der Stelle. Auf dieser Ebene *weiß* man einfach, ohne zu diesem Zwecke geistige Bilder aufbauen oder Gedanken in einer Datenbank speichern zu müssen. Du befindest dich immer dann in der fünften Dimension, wenn du etwas «einfach weißt». Wenn du zum Beispiel die Aurafarben eines Menschen kennst, obwohl du die Aura nicht sehen kannst, bedienst du dich einer fünfdimensionalen Fähigkeit. In dieser Welt wird jede Form von Beziehung durch harmonische Zusammenarbeit charakterisiert. Wesen, die in einer fünfdimensionalen Welt existieren, leben in Frieden und Freude – frei von Schmerz und Leid – und schaffen neue Gesellschaftsformen und Technologien, die harmonisch und liebevoll im Einklang mit der göttlichen Ordnung wirken. Spirituelle und psychische Fähigkeiten wie die Telepathie stehen in dieser Dimension jedem zur Verfügung. Dort gibt es kein Ego, das seine zahlreichen Spiele um Macht, Kontrolle oder die Herrschaft des einzelnen spielt. Statt dessen erfreuen sich alle Seelen, die gewählt haben, in dieser Dimension zu lernen, an der Harmonie und dem Segen, der bei der gemeinsamen Schaffung einer neuen Welt und durch liebevolle Beziehungen zu allen Lebensformen entsteht. Alle Planeten

folgen demselben Entwicklungsmuster, indem sie, wie alles im gesamten Universum, durch immer feinere Lichtfrequenzen aufsteigen.

Damit sich der göttliche Plan auf der Erde entfalten konnte, mußten die Sterngeborenen den «Schleier der Maya» herablassen. Das heißt, daß sie vergessen mußten, wer sie wirklich waren. Die Gründe dafür, daß man sich körperlich inkarnieren mußte, um den Plan dann zu vergessen, waren folgende:

1. Sie sollten die einschränkenden Verhaltensmuster der Erde annehmen.
2. Sie sollten wahrhafte Bewohner der Erde werden.
3. Sie sollten beim Aufenthalt auf der Erde weiteres Wissen erwerben.
4. Es sollte ihnen leichter fallen, in der dreidimensionalen Welt verwurzelt zu sein. Seien wir ehrlich! Wir alle wissen, daß wir nicht unbedingt geneigt wären, hierzubleiben und unangenehme Erfahrungen zu machen, wenn uns bewußt wäre, daß wir weggehen und dies vermeiden könnten. Dies wird verständlich, wenn du weiterliest.
5. Sie sollten die Blaupausen, die in den ätherischen Sphären schon existierten, in der festen Form der physischen Ebene manifestieren. Wenn wir mit unserem physischen Körper an einen bestimmten Ort der Erde reisen, um in dieses Gebiet Licht zu channeln, ist unser Tun ein Beispiel dafür, wie sich etwas aus einer Sphäre in einer anderen offenbart.

ICH BIN hier, um große Lichtmengen in die irdische Ebene zu channeln.

Die Lichtarbeiter auf der Erde haben im besonderen Maße die Fähigkeit, Licht zu channeln. Aufgrund ihres hohen Entwicklungsstandes sind die oberen Chakren oder Energiezentren des

Körpers in der Lage, je nach Fähigkeit, Offenheit und Bereitschaft eines Menschen große Lichtmengen aufzunehmen. Ein Mensch, der hauptsächlich die unteren, dichteren Chakraenergien nutzt, weil er etwa auf Sex oder Nahrung fixiert ist, würde unter diesen Umständen wahrscheinlich nicht in der Lage sein, große Lichtmengen zugänglich zu machen.

Du hast dich dazu verpflichtet, mit Hilfe der zusätzlichen Chakren, die zur Zeit des Erwachens wieder geöffnet werden, Licht zu channeln. Menschen in Atlantis verwendeten ein System von zwölf Chakren. Nachdem Atlantis versunken war, wurden die zusätzlichen Chakren geschlossen, da sie bis zu diesem Jahrzehnt nicht notwendig waren. Über dem Scheitelchakra befinden sich drei Chakren, die für den schnelleren Energiefluß beim Verbinden mit hohen Lichtfrequenzen zuständig sind und helfen, sie auf die Erde zu channeln. Im Körper und unter den Füßen gibt es jeweils ein weiteres Chakra, das dazu dient, die höheren Chakren zu erden und im Gleichgewicht zu halten. Der Plan sieht vor, die höheren Lichtfrequenzen zugänglich zu machen und diese sowohl *in die Erde* als auch *durch deine Aura* zu leiten. Immer, wenn du mit Menschen, Tieren und anderen Lebensformen zusammentriffst, kann das Licht deiner Aura *in die Auren dieser Lebewesen* übertragen werden. Sie müssen nur offen und bereit sein, es von dir zu empfangen. Im Gegenzug werden sie dieses Licht an andere weitergeben, die offen sind, es anzunehmen. Du brauchst nicht bewußt wahrzunehmen, daß du Licht gibst oder empfängst, da dieser Prozeß bei den meisten Menschen auf einer höheren Ebene als derjenigen der bewußten Wahrnehmung stattfindet. Wenn du dir Millionen Lichtarbeiter auf der Erde vorstellst, die ihre gesamte Umgebung mit Licht überfluten, welches dann wieder und wieder weitergegeben wird, so daß täglich Millionen von Menschen und Orten erreicht werden, kommt dir die Großartigkeit des Planes zum Bewußtsein! Solltest du den Drang verspüren, einen bestimmten Ort zu besuchen, vertraue deinem Gefühl. Du reagierst wahrscheinlich auf das innere

Wissen, daß du dich verpflichtet hast, in diesem Gebiet zu sein oder Licht dorthin zu bringen.

ICH BIN hier, um alle Einschränkungen auf diesem Planeten aufzulösen,

und

ICH BIN ein multidimensionaler Meister und habe die Verleugnungen und Einschränkungen der irdischen Ebene ertragen. Ich lasse dies alles los und bin bereit, die Verwandlung und Umgestaltung der Erde und ihrer Menschen in das goldene Zeitalter des Friedens und der Liebe zuzulassen.

Es war geplant, daß die Sterngeborenen und Lichtarbeiter die einschränkenden Verhaltensmuster auf der Erde übernehmen würden (mit Ausnahme derjenigen, die sich erst neuerdings inkarniert haben). Das bedeutete, daß sich jeder Mensch, der das Ziel der Mission erreichen wollte, hier verkörpern mußte, um all die verschiedenen Ansichten, Ängste, Prägungen, Gedanken, Meinungen, Urteile, Vorurteile, Einstellungen anzunehmen, darüber hinaus noch die festgefügten Strukturen der ethnischen, nationalen, erziehungsbedingten, religiösen und gesellschaftlichen Lehren der Erde.

Der Plan sah vor, daß zu einem festgelegten Zeitpunkt während des letzten Jahrzehnts dieses Jahrhunderts (dem Ende des Zeitalters der Fische) die Kräfte des Lichtes auf der Erde erwachen und all diese angenommenen Verhaltensmuster auflösen würden. Dies bedeutete einen energetischen Durchbruch für den gesamten Planeten, der es den Bewohnern der Erde erleichterte, ihre Muster ebenfalls aufzugeben. Man könnte diesen Prozeß teilweise mit dem ersten Menschen vergleichen, der eine Meile in der Zeit von vier Minuten lief, womit er eine lange bestehende mentale Grenze durchbrach. Dadurch war es für die Nachfolgenden leichter, es ihm gleichzutun und danach zu streben, ihn sogar noch zu übertreffen.

Der einfachste Weg, dies zu erreichen, ist, daß du dein wahres Selbst verwirklichst. Um dies zu tun, beginne zu affirmieren, daß du ein Meister bist. Indem du die Realität dieser Wahrheit bekräftigst, wird alles aus deiner Umgebung verschwinden, was sich damit nicht im Einklang befindet, und zwar sowohl aus deinem Leben wie auch aus all deinen niederen feinstofflichen Körpern.

Je mehr du dein wahres Selbst verwirklichst, um so heller leuchtet dein Licht. Von dir geht eine liebevolle Ausstrahlung aus, die von anderen wahrgenommen werden kann. Wenn die Menschen die Liebe in dir sehen, entscheiden sie sich bewußt dafür, selbst liebevoll zu sein, und indem sie dies tun, verbinden sie sich mit ihrem höheren Selbst und mit der Quelle. Menschen, die nicht glauben können, daß es möglich ist, ein ausgeglichenes, liebevolles Leben zu führen, fällt es schwer, sich ein Leben ohne Schmerz und Leid vorzustellen. Sobald sie diese Möglichkeit in Betracht ziehen, wird eine spirituelle Erkenntnis ausgelöst. Das Wesen wird sich auf einer anderen Ebene bewußt, daß es möglich ist, sein schmerzvolles, leiderfülltes Leben gegen ein Leben voller Freude und Liebe einzutauschen.

Du mußt alle Verhaltensmuster in die Schwingungen des Lichts entlassen. Stell dir dies ganz einfach so vor, daß du alles hinauf ins Licht schickst, ohne in die Gedanken, Gefühle oder Situationen deines gegenwärtigen Lebens einzugreifen, ihnen Widerstand entgegenzusetzen oder sie zu beurteilen.

Der andere, viel schwierigere Weg, diese Muster aufzulösen, ist der, die verdrängten Gedanken, Gefühle usw. tatsächlich zu erleben und dir im einzelnen anzuschauen, wie du sie ursprünglich erworben hast. Dies könnte ein sehr langer und ermüdender Prozeß werden, und es könnte dir leicht passieren, daß du noch am Ende des nächsten Jahrhunderts damit beschäftigt bist. Wenn du es aber als richtig empfindest, die Einzelheiten einer bestimmten Erfahrung, die sich dir anbietet, noch einmal zu betrachten, so folge deinem Gespür.

Du wirst alle Ängste, Prägungen und Einstellungen loslassen müssen, jede Grenze und jede Mauer, die du geschaffen hast, alle Verhaltensmuster und Erwartungen, die dich daran hindern, im gegenwärtigen Augenblick zu sein, alle Urteile, Kontrollmechanismen, negativen Gedanken und Gefühle, die starren Bewußtseinsebenen, die dich behindern, und alle Vorstellungen von Identität (wie Mutter, Bruder, Chef, Sekretärin, Christ, «gut sein», «recht haben»); ebenso alle herrschenden Systeme auf dem Planeten, alles Bedauern, alle Vorurteile, Schamgefühle, nationale und ethnische Einstellungen, Gedanken, ein Opfer zu sein, Verantwortungslosigkeit, Vorstellungen von Verletzlichkeit, den Glauben an die Dualität (gut / böse – Lust / Schmerz), die Vergangenheit, Vorwürfe, den Glauben, anderen in der Rolle des Opfers oder Märtyrers zu dienen, und alle Abhängigkeiten, die du geschaffen hast. Dies gilt nicht nur für die Verhaltensmuster aus diesem Leben, sondern auch für alles, was du aus vergangenen Leben übernommen hast. Wenn du in einer vergangenen Inkarnation eine besonders traurige und leiderfüllte Periode durchlebtest, mag es sein, daß du nicht bereit warst, dir dies am Ende jenes Lebens anzuschauen. Solch ein Erlebnis wird dann verdrängt und in andere Leben mitgenommen. Es wird tatsächlich so lange bei dir bleiben, bis du es betrachtest oder seine dichte Energie losläßt.

Sind die einschränkenden Verhaltensmuster aufgelöst, wirst du mehr und mehr zu deinem wahren spirituellen Selbst. Wenn du die Gebote deines Verstandes losläßt und dich auf die Herzebene begibst, beginnst du, im göttlichen Fluß zu handeln. Dies bedeutet, das «Mein Wille geschehe» aufzugeben und das selbstlose «Dein Wille geschehe» anzunehmen. Wenn dies getan ist, beginnt die durch das Ego inkarnierte Seelenidentität mit dem höheren Christusselbst zu verschmelzen. Während der Verschmelzungsphase beginnst du, deine Ermächtigung anzunehmen und Leid in Freude und Liebe zu verwandeln.

Die aber, die dem Herrn vertrauen, schöpfen neue Kraft, sie bekommen Flügel wie Adler. (Jesaja 40, 31)

Natürlich begannen sich solche Verhaltensmuster in diesem Leben ab dem Zeitpunkt zu klären, wo ein Lichtarbeiter spirituell erwachte, was bei vielen zwanzig, dreißig oder mehr Jahre her sein kann. Doch das Erwachen, welches 1990 begann, weckte in dir die Erinnerung daran, daß du auf die Erde gekommen warst, um zu dienen. Dadurch wurden viele wunderbare Fähigkeiten, die in höheren Dimensionen schlummerten, in dir wach; sie sollten dir bei der Vollendung deiner Aufgaben helfen. An diesem Punkt begann, wie vereinbart, ein größerer gemeinsamer Klärungsprozeß, um für die gesamte Menschheit eine einheitliche Brücke aus Licht zu erschaffen.

Vielleicht erinnerst du dich an ein früheres Leben, in dem du durch buddhistische oder ähnliche spirituelle Praktiken große Harmonie und Einheit mit dem Universum erfahren durftest. Möglicherweise fühltest du dich erleuchtet und warst vom karmischen Rad endloser Geburten und Tode befreit. Eventuell erinnerst du dich auch an den Schock im darauffolgenden Leben, wieder in physischer Form in der dritten Dimension gelandet zu sein. Du warst aus dem Grunde zurückgekehrt, weil du vereinbart hattest, bis zum Ende der Mission auf der Erde zu bleiben. Du warst außerdem bereit, die von dir angenommenen, einschränkenden irdischen Verhaltensmuster in diesem Jahrzehnt loszulassen. Du fühltest dich dem höchsten Gut zutiefst verpflichtet, und so nahmst du alles wieder zurück «an Bord».

Es ist wichtig zu erwähnen, daß nur ein kleiner Prozentsatz der Sterngeborenen die *aller*dichtesten unter diesen Verhaltensmustern annahm. Es gibt einige Frequenzbänder äußerst dichter Energie auf der Erde, und es gibt Wesen, die in Katatonie und Robotertum verfallen sind und glauben, sie seien Materie. Um jedem Wesen hier freie Wahlmöglichkeiten zu gewähren, war es notwendig, das *gesamte* Spektrum der Dichte zu übernehmen. Dies stellte sicher, daß der energetische Pfad des Lichts in ausreichend tiefen Frequenzen begann, um auch Wesen, die sich in so beschaffenen Frequenzfeldern befanden, zu ermöglichen, ihre Verhaltensmuster aufzulösen und ebenfalls aufzusteigen. Um dies zu erreichen, mußten jene Sterngeborenen, die zugestimmt hatten, den Wesen in der niederen Verdichtung zu helfen, das Trauma dieser Ebene in einer ihrer Inkarnationen erleben. Bei diesem Prozeß nahmen sie die wichtigen Verhaltensmuster in ihr Energiefeld auf. Sie müssen erst über diese Verhaltensmuster verfügen, bevor sie diese auflösen und einen energetischen Weg heraus aus der Dichte schaffen können. Die Tatsache, daß Verhaltensmuster angenommen wurden, um sie jetzt loszulassen, trifft auf fast jeden zu, der dabei hilft, einen energetischen Weg zu erschaffen.

Viele Wesen haben Traumata und Leiden erlebt, um diesen Planeten in seine gegenwärtige Position zu bringen. Jedoch hat jeder auch große Freude, Liebe und von Wundern erfüllte Zeiten erfahren, die ihn atemlos und voller Ehrfurcht vor der Vollkommenheit der göttlichen Natur unseres Universums zurückließen. Viele neue Erfahrungen wurden gewonnen, und Lektionen für ein größeres universelles Verständnis wurden gelernt. Wir neigen dazu, all die Wunder und das Glück, was wir im jetzigen oder in vergangenen Leben erfahren haben, zu vergessen, wenn wir mit dem Prozeß der Auflösung unangenehmer Erfahrungen beschäftigt sind.

Das große Wissen, welches hier in der schweren Verdichtung gewonnen wurde, wird nun in das Bewußtsein aller in den Universen existierenden Wesen übertragen. Niemals wieder muß jemand durch so tiefen Schmerz und so bitteres Leid lernen, wie dies auf der Erde geschah, denn jeder wird wissen, woher diese Erfahrungen ursprünglich stammten und wohin sie führten.

Ich habe das Recht, die Hilfe der großen Mächte des Lichts, aller Ratsversammlungen, Bündnisse, Föderatio-

nen, der Aufgestiegenen Meister und jedes Reiches auf der Erde zu erbitten.

Du bist in der Lage, Hilfe von einer individuellen oder einer kollektiven Energie der höheren Sphären zu erbitten. Du kannst um Hilfe bei der Durchführung einer Handlung bitten, oder du kannst darum ersuchen, daß die geistige Gegenwart oder Energie diese Aufgabe übernimmt. Wenn die Bitte dem Wunsch entspringt, etwas der göttlichen Quelle näher zu bringen, wirst du erhört werden.

Wenn du dich vollständig dem Dienen hingibst, hat alles, was du tust, einen göttlichen Sinn; das bedeutet, daß du bei jeder Bitte berechtigt bist, zusätzliche Hilfeleistungen zu empfangen. Da die höheren Reiche jedoch immer das übergeordnete Gesamtbild berücksichtigen, wird man dort vielleicht nicht in genau der besonderen Weise handeln, die wir für die vorteilhafteste halten.

Die Kristalle und Steine der Mineralwelt haben lange auf diese Gelegenheit gewartet, helfend und unterstützend wirken zu können. Kristalle sind lebendig, und viele haben ihre eigenen Missionsaufgaben. Wenn du einen Kristall intuitiv für eine ganz bestimmte Aufgabe aussuchst, ist es unwahrscheinlich, daß du seine Kräfte falsch einsetzt. Wenn du dir nicht sicher bist, um welche es sich handelt, versuche es mit einer Meditation. Der Kristall kann leicht zu dir sprechen, wenn du für seine sanfte Energie empfänglich bist. Viele lemurische Seelen haben sich in diesem Leben in Kristallen inkarniert. Lemuria war der bedeutendste Kontinent vor Atlantis. Das Volk war sehr liebevoll, und seine Nachfahren kann man bei den Polynesiern finden. Die Kristallenergie ist der sanften, liebevollen lemurischen Energie sehr verwandt. Wenn du Kristalle besitzt, die du in einem dunklen Schrank verstaut hast, könnte dies ein guter Zeitpunkt sein, sie herauszuholen und zu reinigen. Es könnten Lemurier sein! Du würdest ihnen ermöglichen, mit ihren lang erwarteten Aufgaben zu beginnen. Denke daran, daß es wichtig ist, alle Kristalle sauberzuhalten. Dies kannst du erreichen, indem du sie vierundzwanzig Stunden lang in einem Glas oder in einer Prozellanschüssel in Wasser legst, das Meersalz enthält. Bade unterschiedliche Kristalle in verschiedenen Schüsseln. Du kannst sie auch für den gleichen Zeitraum in der Erde vergraben. Es gibt noch mannigfaltige andere Methoden. Denke daran, daß Quarzkristalle sich sehr darum bemühen, alle negativen Energien aus deinem Umfeld zu entfernen. Wenn sie nicht regelmäßig gereinigt werden, müssen sie in dieser negativen Energie eingeschlossen bleiben. Da Kristalle entweder mit heller oder mit dunkler Energie arbeiten, ist es ratsam, sie selbst auszusuchen oder nur Freunde mit dem Kauf zu beauftragen, die diese Eigenschaften spüren können.

Man kann sich auch an die Welt der kleinen Leute wenden – an die Elfen, Kobolde und anderen Naturgeister. Diese sanften Wesen helfen gern, wenn man sie mit den sanften, zarten Energieschwingungen behandelt, die ihnen behagen. Die Feuersalamander, die Wassernymphen, die Luftgeister und die Erdelementale helfen alle mit Vergnügen und sind glücklich, wenn man sie um Unterstützung bittet. Du kannst jeden von ihnen ermächtigen, Energie oder Heilung in dein Leben zu bringen. Während du badest oder duschst oder im Meer schwimmst, kannst du die Wassermächte bitten, dem Wasser heilende Eigenschaften zu verleihen. «Im Namen Gottes ermächtige ich dich, dieses Wasser mit Heilkraft auszustatten.» Wiederhole dies dreimal.

Ich habe das Recht, im Sinne des universellen Gesetzes Verfügungen zu erlassen.

Siehe Kapitel 9, das diesem wichtigen Gebiet gewidmet ist.

Die Zeit ist gekommen, mich wie vereinbart loszulösen, meine Aufgabe zu erfüllen und nach Hause zurückzukehren.

Du hast zugestimmt, dich emotional und mental von jeder Abhängigkeit und jedem Bedürfnis auf der physischen Ebene zu lösen. Das bedeutet nicht, daß du zum Roboter wirst oder keinen Besitz mehr haben darfst. Es bedeutet, daß du alle Überlegungen und Glaubenssätze aufgeben sollst, die dir weismachen wollen, du bräuchtest «irgend etwas anderes», um zu überleben, als du selbst zu sein. Während deiner irdischen Inkarnationen hast du vergessen, daß du ein Meister und nicht wirklich bedürftig bist. Während deiner Zeit hier wirst du dich daran gewöhnt haben, geistige Vorstellungsbilder zu formen und sie in deinem Gedächtnis zu speichern. In Wahrheit verfügst du aber über alles Wissen, ohne zu diesem Zweck geistige Bilder bemühen zu müssen. Du magst Gedanken erschaffen haben, die besagen, daß du Sicherheit, Leute, Unterstützung, Absicherung, Empfindungen, Nahrung, einen Job, Besitz, Tiere, Bequemlichkeit, Kinder, einen Körper, ein Auto, Geld, Schlaf, Berührung, Zeit, feste Gegenstände und Raum brauchst. Außerdem gibt es Bedürfnisse, die sich weniger offensichtlich in deinen Gedanken verbergen, wie das Bedürfnis, Kontrolle auszuüben, zu manipulieren, zu drohen, um mächtiger zu werden (»Warte, bis dein Vater / deine Mutter nach Hause kommt!»), gesund zu bleiben oder jünger bzw. älter auszusehen. Mit anderen Worten: Du mußt dich von allen selbstgeschaffenen Vorstellungen lösen, die dir suggerieren: «Ich muß das haben, sonst werde ich nicht überleben!» Je mehr du in dein Dienen hineinwächst, um so mehr löst du dich von allem. Wenn die Identität der im Ego inkarnierten Seele mit der Gegenwart des ICH BIN verschmilzt, wird die Liebe bedingungslos. Sie ist nicht länger Teil der niederen spirituellen, mentalen und emotionalen Körper, denn sie hat sich zu einer allumfassenden, tief spirituellen Sorge und Liebe für alles Leben im Universum gewandelt. Sobald du dich der Gegenwart des «ICH BIN» anschließt und losläßt, wirst du feststellen, daß du deine Missionsaufgaben viel leichter erfüllen kannst. Wenn alle Verpflichtungen erfüllt sind, wirst du nach Hause gehen.

Alles im Universum ist gut und in Ordnung.

Dieser Satz ist der Schlüsselsatz für die Kräfte des Lichts. Er soll die Erinnerung in dir auslösen, daß eine wichtige Stufe des Plans erreicht ist. Er deutet auf einen wunderbaren, vor sehr langer Zeit geplanten Augenblick hin, als die überschüssige negative Energie in der Struktur der Erde durch eine überschüssige positive Energie ersetzt worden ist. Dies ist bereits geschehen! Wenn man einen dreidimensionalen Standpunkt einnimmt, nimmt man die negative Energie noch wahr, doch die Gewichtung hat sich verändert. Dieser Planet bewegt sich jetzt in eine Dimension, wo keine Dualität und deshalb auch keine negative Energie mehr existiert. Andere Schlüsselsätze wie «Die Zeit ist reif!» oder «Es ist Zeit!» werden ebenfalls verwendet, um dabei zu helfen, Sterngeborene und Lichtarbeiter aufzuwecken.

Der Aufruf «Die Zeit ist reif!» soll die ETs und die Walk-ins erwecken. Technisch gesehen könnten viele Leute als ETs eingestuft werden. Wir beziehen uns hier jedoch speziell auf die relativ wenigen unter den Millionen Lichtarbeitern, die meist als «Walk-ins» von bestimmten Planeten kamen, um hier zu helfen. Sedona in Arizona ist für diese Gruppe einer der wichtigsten Orte der Erde. Die Techniken, die verwendet werden, um diesen Wesen beim Erwachen und Klären zu helfen, enthalten deren eigene planetarischen Schwingungsmuster. Wegen der speziellen Schwingung sind diese Techniken nicht für den Rest der Lichtarbeiter gedacht und können sie auch nicht in ihrer Entwicklung unterstützen. Es ist sogar möglich, daß diese Techniken jenen, für die sie nicht gedacht sind, einige Probleme bereiten. Es ist Sache eines jeden einzelnen, seiner Intuition in bezug auf jede Klärungstechnik zu folgen, die er anwenden möchte.

Heute wird immer öfter eine besondere Terminologie verwandt, um den Klärungsprozeß der Lichtarbeiter zu unterstützen. Das Wort «Außerirdische» (engl. *alien*) wird im allgemeinen verwendet, um die negativen Kräfte zu bezeichnen, welche den Plan auf der Erde zu durchkreuzen suchen, und das Wort «ET» für die freundlichen Kräfte, die der Erde helfen. Es ist vielleicht ratsam, in Gesprächen mit anderen klare Definitionen dieser und anderer Begriffe festzulegen, um sicherzustellen, daß keine Verwirrung entsteht.

ZUSÄTZLICHE VEREINBARUNGEN, die von einigen Sterngeborenen und Lichtarbeitern getroffen wurden.

Die Manifestation einer universellen Blaupause, nämlich der neuen Verbindung des Lichtkörpers mit der Körperlichkeit der dritten Dimension, wobei die auf Kohlenstoff basierende DNA-Doppelhelix in eine dreieckige, auf Silizium basierende Struktur verwandelt wird, die einer bestimmten Lichtfrequenz entspricht.

Sollte ein Mitglied einer Missionsgruppe nicht in der Lage sein, seine vereinbarte Aufgabe oder seine Pflichten zu erfüllen, kann ein anderes berufen werden, um dessen Aufgabe zu übernehmen.

Die Manifestation einer universellen Blaupause

Diejenigen, die in vergangenen Zeiten aufgestiegen sind, folgten der einzig verfügbaren Blaupause, die den physischen Körper sterben ließ. Nachdem sie die Schwingungen der sie umgebenden niederen feinstofflichen Körper erhöht hatten, «erhoben» sie sich in die fünfte Dimension. Jetzt gibt es die Möglichkeit, diese universelle Blaupause zu ändern und mit allen niederen Körpern aufzusteigen, da sich ein neues Aufstiegsmuster universell manifestiert. Erstmalig ist es im Universum möglich, daß diejenigen, die sich dafür entscheiden, auch die Schwingungsfrequenz des physischen Körpers in seiner molekularen Struktur erhöhen. Dies bedeutet, die Schwingung des physischen Körpers auf die Frequenz des Lichts zu heben, wodurch der auf Kohlenstoff basierende Doppelhelix-Körper der DNA/RNA in einen dreieckig strukturierten Körper auf Siliziumbasis verwandelt wird. Um diese Blaupause zu manifestieren, muß eine bestimmte Anzahl von Wesen den Prozeß durchlaufen (siehe Kapitel 4). Diese Umwandlung steht jedem offen. Zuerst muß sie von den Sterngeborenen und Lichtarbeitern vollzogen werden, die ihr eine Form geben. Danach kann der Umwandlungsprozeß von jedem Menschen im Universum durchlaufen werden. In der ursprünglichen Vereinbarung war ein bestimmter Prozentsatz der Sterngeborenen und Lichtarbeiter bereit, ihre physischen Körper umzuwandeln. Der Plan gestattet jedoch allen Mitgliedern der Kräfte des Lichts, sich ebenfalls dafür zu entscheiden, bei der Manifestation der Blaupause zu helfen.

Sollte ein Mitglied einer Missionsgruppe nicht in der Lage sein, seine vereinbarte Aufgabe oder seine Pflichten zu erfüllen ...

Von manchen Sterngeborenen und Lichtarbeitern wurde eine zusätzliche Vereinbarung getroffen: Wenn ein Sterngeborener sich entscheiden sollte, seine Aufgabe nicht zu erfüllen, muß ein anderer einspringen, um diese zusätzlich zu seiner eigenen zu übernehmen. Die ursprüngliche Abmachung lautete, daß jeder Missionar entweder bereits ein Experte auf dem Gebiet sein würde, in dem er Hilfe leisten wollte, oder es wurden Vorkehrungen getroffen, daß er die dazu benötigten Fähigkeiten während einer Inkarnation erlernen konnte. Zum Zeitpunkt des Erwachens wäre er also mit Sicherheit ein Fachmann. Wenn ein anderer nun plötzlich einspringen und eine unbekannte Aufgabe übernehmen muß, so kann dies recht schwierig sein. Es könnten Situationen entstehen, in denen eine besonders fremdartige Aufgabe übernommen werden muß, oder es mögen zwei Aufgaben gleichzeitig sein, wobei der Betreffende manchmal nur ein paar Minuten vorher in Kenntnis gesetzt wird. Zuweilen mag die Erfüllung der zusätzlichen Aufgaben aber auch das ganze Leben beanspruchen. Wenn jemand plötzlich aufgerufen wird, eine notwendige Aufgabe durchzuführen, bevor er an einem angemessenen Ausbildungsprogramm für diesen Bereich teilnehmen konnte, muß er dies nach besten Kräften tun. Dies gelingt ihm durch die Gegenwart des ICH BIN.

Aufgrund des hohen Entwicklungsstandes der Sterngeborenen wurde angenommen, daß sie, wenn dies jemals eintreten sollte, auch unter den allerschlimmsten Umständen handlungsfähig bleiben würden. Obwohl alles generell recht reibungslos läuft, gibt es Gelegenheiten, wo Ersatzpersonen gebraucht werden, und dazu sind Ausdauer und die Konzentration auf das Licht nötig.

Ich möchte noch einmal kurz zusammenfassen, warum die Kräfte des Lichts in diese Dichte herabgestiegen sind:

1. Sie sollten das Licht auf der Erde in großem Maßstab vermehren und damit die Gewichtung der Energie vom Negativen zum Positiven verändern. Dies gestattet dem Planeten und der Menschheit, sich in eine neue Dimension hinein zu entwickeln.
2. Sie sollten das Lernmuster dessen, was auf der Erde geschehen ist, dem universellen Bewußtsein übertragen, damit dieses Wissen auf alle Wesen im Universum übergehen kann. Das stellt sicher, daß Wesen nicht noch einmal in einer solchen Verdichtung lernen müssen.
3. Sie sollten Wegbereiter sein, um einen Pfad aus Lichtenergie zu schaffen und der Menschheit zu ermöglichen, all ihre starren, einschränkenden Verhaltensmuster aufzugeben.
4. Sie sollten die Blaupause der neuen Verbindung von grobmateriellem Körper und Lichtkörper in physischer Form manifestieren.

5. Sie sollten ihre eigene Entwicklung durch die Erfahrung dieser großen Verdichtung fördern. Obwohl alle schon vorher Planeten der dritten Dichte erlebt haben, hatte noch niemand Erfahrungen mit der Energieebene gemacht, die dieser spezielle Planet bis zum heutigen Tage aufweist.
6. Sie sollten ihre eigene Entwicklung durch die Verwandlung der atomaren Struktur ihrer dreidimensionalen physischen Körper in Licht fördern.
7. Sie sollten allen Schmerz und alles Leiden in der Galaxis beenden. Indem die Erde auf eine neue Ebene des Lichts gehoben wird, kann sich die gesamte Galaxis in die fünfte Dimension entwickeln.

Gelegentlich hört man, daß die Menschen einschließlich der Lichtarbeiter vom Licht verlassen wurden und von abscheulichen planetarischen Gruppen beherrscht werden. Es wird angenommen, daß unter anderem ihr Gedächtnis gelöscht und ihre Genetik verfälscht wurde. Diese Theorie deutet an, daß die Menschen hier reine Opfer sind und keine Kontrolle über ihr Schicksal haben. Einige schlagen vor, daß wir der Bruderschaft des Lichts dafür vergeben sollten, daß sie uns verlassen hat, und daß es notwendig ist, jene planetarischen Gruppen wegen ihrer Verbrechen zur Rechenschaft zu ziehen.

In allen Universen (es *gibt* andere) trifft man auf viele Arten des Lernens. Jede erlernte Lektion verhilft einem Wesen zu größerer Liebe und größerer Weisheit. Gelegentlich haben Planeten Kriege geführt, und im Laufe der Geschichte sind immer Dinge vorgekommen, die «unerfreulich» schienen. Doch in der Geschichte des Universums gab es keine Zeit, in der ein Wesen *keine Kontrolle über sein Schicksal gehabt hätte.* Jeder Schritt, jede Handlung, jede Beziehung, jede Unternehmung ist von jedem einzelnen gewollt. Gelegentlich wurde eine Vereinbarung durch die Gruppenseele getroffen, durch die Gegenwart des «ICH BIN» und möglicherweise vor so langer Zeit, daß du sie vergessen hast. Niemand kann jemals behaupten, Opfer zu sein oder keinen Einfluß auf seine Lebensumstände gehabt zu haben. Niemals ist der andere schuldig! Es gibt keine Zufälle. Wir haben immer die Wahl. Ständig, in jedem Augenblick treffen wir Entscheidungen. Wir entscheiden, ob wir unserer inneren Führung oder den Befehlen des Verstandes folgen; wir entscheiden, ob wir vertrauen oder mißtrauen, ob wir Meister sind oder Marionette, ob wir still sind oder schwatzen, ob wir lieben, urteilen, helfen, uns einlassen, unterscheiden oder ob wir dies alles nicht tun, ob wir geerdet und ausgeglichen sind oder ob wir abheben, ob wir Disziplin üben, positiv oder negativ denken, den Standpunkt eines Schöpfers oder den des Opfers einnehmen, ob wir uns redlich oder betrügerisch verhalten, in Wahrheit oder in Lüge leben, Harmonie oder Uneinigkeit erzeugen, ängstlich sind oder Mut haben, an dem einen oder an einem anderen Ort sind oder ob wir mit einer bestimmten Person zusammen sind oder nicht. Doch es spielt keine Rolle, ob dies alles geschehen ist oder nicht. Deine Vergangenheit bestimmt nicht deine Gegenwart. Alles, was dich jetzt umgibt, hast du selbst geschaffen, und du hältst es in diesem Augenblick fest. Gib alle Gedanken an Schuldzuweisungen auf. Sei der Schöpfer, der du bist, und denke daran, daß dein Ziel die bedingungslose Liebe gegenüber allen Wesen ist.

Eine geläufige Reinigungstechnik besteht darin, jedem für den Schaden, den er dir zugefügt hat, zu verzeihen. Dies ist ein positiver Schritt. Er hilft auch, dir selbst all das zu verzeihen, von dem du das Gefühl hast, daß du es dir oder anderen angetan hast.

Jedoch gibt es auf dem Pfad der Erleuchtung eine Stufe, die darüber hinausgeht. Auf dieser Stufe ist dir die höhere Wahrheit bewußt, daß es nichts zu verzeihen gibt, weil wir unsere Realität vollständig selbst erschaffen. Das bedeutet, daß uns nichts angetan werden kann, weil wir alles, was wir in unserer Welt erleben, wie ein Magnet anziehen.

Eine andere Erkenntnis ist die, daß wir alle eins sind und daß wir alles, was wir tun, uns selbst antun. Wenn man diese Gedanken auf einer höheren Ebene versteht, erkennt man zudem, daß im Herzen Gottes nur Liebe, Redlichkeit, Mitgefühl und Verständnis existieren. Nur das Ego mit seinem Mangel an höherem spirituellen Verständnis würde behaupten: «Gut, wenn niemand wirklich ein Opfer ist und wir in der Realität alle eins und unsterblich sind, dann ist es in Ordnung, daß wir anderen etwas antun, sie können ja keinen Schaden erleiden.»

In allen Ewigkeiten wird es immer so sein, daß jeder sein eigenes Schicksal erschafft.

Wenn du tief in deinem Herzen nachforschst, wirst du feststellen, daß du wahrhaftig allem zugestimmt hast, was dir widerfahren ist, und daß du niemals von den höheren Bereichen des Lichts verlassen worden bist. Es gibt niemanden, dem zu verzeihen du lernen mußt. Die Lichtarbeiter und Bewohner der Erde sind ewige, unsterbliche, unendliche und liebevolle Kinder Gottes. Gott verläßt niemanden.

3
Die Entwicklungsstrukturen des Lernens auf der Erde

Der Entwicklungsprozeß verlangt von der Seele, bedingungslose spirituelle Liebe zu lernen. Jede Seele inkarniert sich so oft wie notwendig auf einer bestimmten Energieebene. Um die erforderlichen Lehren und Kenntnisse zu erlangen, plant die Seele bestimmte Leben, in denen sie sich auf besondere spirituelle Eigenschaften konzentriert wie Geduld, Demut, Lauterkeit, Weisheit, Kraft, Hoffnung, Klarheit, Mitgefühl, Wahrheit, Sanftheit, Nachdenklichkeit, Freundlichkeit, Harmonie, Achtung, Glaube, Friede, Ausgeglichenheit, Vergebung, Verständnis, Hingabe, Reinheit, göttlicher Wille, Freiheit, Vertrauen und Liebe. Indem ein Wesen wächst und dabei weiser und liebevoller wird, verfeinert sich seine Schwingung, sie wird lichter und erlaubt ihm, höhere und feinere Existenzebenen (höhere Dimensionen) wahrzunehmen.

Jeder Mensch verfügt über seine eigene, einzigartige Energieschwingung, und diese spüren wir, wenn uns jemand sofort vertraut ist und wir uns in seiner Gegenwart wohl fühlen. Während alle Wesen diese besondere Energie unverändert aufrechterhalten, formt sich das sie umgebende Schwingungsfeld gemäß dem jeweiligen Entwicklungsstand um, auf dem sie sich befinden. Die Bandbreite unserer Schwingungen bestimmt die Welt, die wir sehen. Alle Dimensionen existieren im Jetzt, doch wir können nur die Dinge sehen, die innerhalb jener Schwingungsbandbreite des Lichts liegen, auf die wir reagieren, das heißt, die zu uns paßt. Weisheit und Liebe erhöhen unsere Schwingung, indem sie die dichten, langsameren Frequenzen in schnellere, feinere verwandeln.

Die Erde war einst eine vollkommene Kugel aus gleichmäßig verteilter Energie. Sie stimmte dem gemeinsamen Lernprozeß mit der Menschheit zu, und so entstand das Lernmuster durch Beschränkung. Die Erfahrungen mit diesem Lernmuster, besonders aber das Denken negativer Gedanken, bewirkten, daß sich die Energien ungleichmäßig verteilten. Das Potential dieses Lernmusters ist vollkommen ausgereizt und kann als vollendet betrachtet werden.

Die Erde akzeptierte dieses gemeinschaftliche Lernen mit den Menschen und wußte zutiefst, welche verschiedenen Möglichkeiten in Frage kommen konnten. Sie handelt aus Liebe und ist nicht zornig über die offensichtliche Zerstörung ihrer Form. Im Universum wird alles abgesprochen – alles! In Liebe schaut die Erde der Menschheit zu, wie diese darum kämpft, all jene Barrieren zu überwinden, die sie sich selbst errichtet hat.

Jedes Wesen auf der Erde ist besonders und einzigartig und hat im übergeordneten Plan der Dinge seine eigene Rolle zu spielen. Wenn alle nur das tun, was sie zu sagen oder zu tun als richtig empfinden, werden sie ihre Aufgabe in diesem Plan erfüllen. Wenn du statt dessen allein tust, was du «tun solltest» – vielleicht aus Schuldgefühl –, läufst du Gefahr, deine ursprünglichen Verpflichtungen zu vernachlässigen.

Es ist Zeit, «loszulassen und Gott zu lassen». So übernehmen wir wirklich Verantwortung, doch dazu brauchen wir Geduld. Die moderne Welt verheißt uns sofortige Ergebnisse: Ansehen, Ruhm, Reichtum, Unterhaltung, Befreiung von Kälte und Schmerz und blitzschnelle Kommunikation via Satellit, Fax, Mobiltelefon und Computer. Wir sind das Warten nicht gewöhnt und werden oft ungeduldig, wenn wir uns in eine Schlange stellen oder an Verkehrsampeln warten müssen. Um «loszulassen und Gott zu lassen», müssen wir Stille in unser Leben bringen und bereit sein, geduldig zu warten, damit sich jeder Augenblick der göttlichen Ordnung gemäß entfalten kann. Daraus würde folgen, daß wir die Dinge nicht mehr in die eigene Hand nehmen, sondern in jedem Augenblick darauf vertrauen, daß wir die beste, höchste Ordnung erspüren. «Befiehl dem Herrn deinen Weg und vertraue ihm; er wird es fügen» (Psalm 37,5).

Du stellst diese Verbindung als spirituelles Wesen her, deshalb folge deinem Herzen und deinem Gefühl für das Richtige ohne Zögern. Es gibt unendlich viele Möglichkeiten: Wenn es sich richtig für dich anfühlt, den Delphinen zu helfen, die Regenwälder zu retten, die Achtsamkeit gegenüber Kindesmißbrauch zu erhöhen oder aber gar nichts zu tun, dann ist dies Bestandteil deiner Verpflichtung. Weil es richtig für dich ist, muß das jedoch nicht heißen, daß es auch für andere stimmt. Jeder hat seine eigene Aufgabe zu erfüllen, und wenn du dir einredest, daß du etwas «tun solltest», wirst du in diesem Augenblick nicht in der Lage sein, deine tatsächliche Bestimmung umzusetzen. Wenn du aber aus Liebe und nicht aus Angst oder Schuldgefühlen heraus ausführst, was sich im Herzen richtig anfühlt, dann kannst du darauf vertrauen, daß du mit dem göttlichen Strom schwimmst. Dieser Raum ermöglicht dir, den nächsten Schritt intuitiv zu erspüren.

Für jeden Menschen auf diesem Planeten ist es an der Zeit, eine Entscheidung darüber zu fällen, in welcher Art von Welt er leben will: in einer Welt des Friedens und der Liebe oder in der Welt, in der wir gegenwärtig leben.

Das Erlernen von Mitgefühl, Verständnis und Liebe erfolgt in der derzeitigen dreidimensionalen Wirklichkeit durch Erfahrungen, die man in allen nur denkbaren Lebenslagen sammelt, und zwar sowohl durch Armut und Mühsal als auch durch Reichtum und Macht. Dazu gehört, daß wir lernen, die Grenzen zu überwinden, die wir uns vor der Inkarnation gesetzt haben, wodurch wir Stärke und Weisheit gewinnen. Wenn ich schließlich nicht mehr urteile und erkenne, daß «ich meines Bruders Hüter» bin, ja, daß in Wahrheit jede Lebensform mein Bruder ist, dann bin ich bereit, die Geisteshaltung des Friedens und der bedingungslosen Liebe einzunehmen.

Ein großer Teil der Menschheit hat das Gefühl, in dieser Sphäre genug gelernt zu haben, und möchte die verschiedenen Muster loslassen, die zum Lernen durch Beschränkungen gehören, um zu höheren Ebenen des Lernens aufzusteigen. Das Lernen hört in höheren Dimensionen nicht auf, doch dort geschieht es in größerer Harmonie und durch weniger verfestigte Erfahrungen. Während Freude und Friede in der dritten Dimension gefunden werden *können*, sind sie in den höheren Dimensionen eine Selbstverständlichkeit.

Jeder trifft jetzt eine Entscheidung. Während sich die planetarischen Schwingungen ständig erhöhen, wechseln alle alten, starren Strukturen auf der Erde ihre Funktionsbasis entweder gegen eine solche der Liebe aus, oder sie werden brüchig und verschwinden. Alle verdrängten Gedanken und Gefühle werden freigesetzt und zwar auf individueller, nationaler, internationaler und planetarischer Ebene. Das noch verbliebene Karma wird überall auf der Erde ausgeglichen, und das Licht hebt jeden, der die Liebe wählt, empor, da seine Schwingungen beschleunigt worden sind.

Es ist Zeit, daß wir uns von den Ängsten und den unzähligen Glaubensmustern befreien, die uns in unserer strukturierten und kontrollierten Welt eingepfercht halten; es ist Zeit, in Vertrauen und Glauben vorwärtszugehen, da wir wissen, daß es Welten jenseits dessen gibt, was wir mit unseren Augen sehen können.

Der Planet Erde bietet Lernen durch Beschränkung an. Das bedeutet: unsere Einengung läßt uns derart an Weisheit und Stärke gewinnen, daß wir uns über diese Grenzen hinwegsetzen können. Die Menschheit zeichnet sich darin aus, die Restriktionen zum Äußersten zu treiben. Millionen von einengenden Verhaltensmustern wurden in die Gesellschaft eingeführt. Der Mensch weiß nicht mehr, daß er seine eigene Wirklichkeit und seine Welt erschafft, und hat vergessen, daß er ein mit jedem und allem verbundenes Gotteskind ist. Er beschneidet seine Möglichkeiten durch bestimmte Vorstellungen, etwa daß er

Geld, Nahrung, Wasser oder Schutz braucht, um zu überleben. Ein vorherrschendes Glaubensmuster auf der Erde bezieht sich auf die Verletzlichkeit des Körpers, etwa daß man durch falsche Nahrung, durch zuviel Alkohol, zuviel Kälte, Hitze oder Regen krank werden kann, ebenso die seit Urzeiten tief verwurzelte Überzeugung, daß der Körper sterben muß. Der Prozeß des Lernens durch Beschränkung kann sich deshalb vollziehen, weil zwischen dem Denken eines Gedankens und dem Augenblick seiner physischen Manifestation Zeit vergeht. Das heißt, daß du dich zu dem Zeitpunkt, wo etwas geschieht, längst nicht mehr daran erinnerst, daß du es einst gedacht hast.

Wir wollen das klassische Beispiel eines einengenden Verhaltensmusters betrachten. Es handelt sich um die allgemeine Überzeugung, daß man im Umfeld der eigenen Herkunft, Bildung, der gesellschaftlichen und finanziellen Stellung, Nationalität (oder sogar Gemeinde), Religion und Altersklasse einen Partner suchen und heiraten soll, aber nicht innerhalb der nahen Verwandtschaft. Auch gibt es Konventionen über das richtige «Aussehen», das Gewicht, die Körpergröße, den Körperbau, die Augen- und Haarfarbe. Ist das nicht ziemlich einschränkend?

Wenn man bewußt bleibt und die eigene wahre spirituelle Natur erfaßt, erkennt man, daß die irdischen Erfahrungen nicht ausreichen, um den vollen Lernerfolg zu erzielen. Dies gilt für das gesamte Lernspektrum eines Lebens. Die Vereinbarungen, die vor der Inkarnation mit den anderen Mitgliedern des Teams getroffen wurden, und die Pläne, die man damals schmiedete, werden gewöhnlich zur Zeit der Geburt des Säuglings vergessen. Dies gilt für jedes Wesen, das sich auf der Erde inkarniert, auch für die Missionsgruppen. Die einzigen Ausnahmen bilden einige der Walk-ins der letzten Zeit, die sich oft ein Wissen ihrer Identität und ihres Ziels bewahrt haben.

Wir wollen gemeinsam überlegen, warum es nicht hilfreich wäre, wenn wir uns an unsere vorgeburtliche Planung erinnern.

Nehmen wir einmal an, du sitzt in der geistigen Welt am Planungstisch und triffst Vereinbarungen mit jenem Partner, mit dem du im zur Debatte stehenden Leben einige Lernerfahrungen machen willst. Hierbei handelt es sich oft um ein Wesen, zu dem du schon viele Male zuvor in engen Beziehungen standest.

Wenn du deine früheren Inkarnationen betrachtest und in die Bereiche blickst, wo du andere nicht bedingungslos liebtest, wirst du vielleicht erkennen, daß du das Muster gelebt hast, Beziehungen abzubrechen. Es scheint, als hättest du wenig Verständnis oder Mitgefühl dafür, wie man empfindet, wenn man von einem geliebten Menschen verlassen wird. Du erkennst außerdem, daß es noch eine weitere Entwicklungsmöglichkeit für dich gibt, nämlich die Erfahrung, mit den verschiedenen Schwierigkeiten fertig zu werden, mit denen ein alleinerziehender Elternteil beim Aufziehen kleiner Kinder rechnen muß. Du beschließt, diese beiden Lernbereiche in der nächsten Inkarnation zu bearbeiten, und planst mit deinem Partner, daß ihr euch zu einer bestimmten Zeit begegnet, euch ineinander verliebt, heiratet und zwei Kinder bekommt. Du richtest es so ein, daß dich dein Mann wegen einer anderen Frau verläßt, wenn diese Kinder achtzehn Monate und drei Jahre alt sind. Die finanzielle Situation wird so abgesprochen, daß du große Mühe haben wirst, das Leben zu bewältigen. Nebenbei bemerkt sind beide Kinder und «die andere Frau» bei der Planungssitzung ebenfalls anwesend und fügen Einzelheiten hinzu, die sie für ihre eigene Weiterentwicklung brauchen, ebenso wie alle anderen Wesen, die in diesem Leben eine Rolle spielen sollen, wie zum Beispiel deine Familie und deine Freunde. Du verstehst sicher, daß die Planung recht kompliziert ist, da jedes Mitglied des Teams seine eigenen Ziele und die Bedingungen für sein Wachstum ebenfalls mit einplant.

Manchmal gibt es Wartezeiten, wenn ein Gruppenmitglied noch nicht verfügbar ist. Es kann sein, daß eine Person bereits inkarniert ist, aber erst dann als Mitspieler in dein Leben einzugreifen braucht, wenn du ungefähr fünfzig Jahre alt bist. Es mag so eingerichtet sein, daß die Person einige Jahre vor diesem Datum aus einer Inkarnation «herausstirbt». Danach braucht sie eine gewisse Zeit für den Rückblick auf das gerade verlassene Leben, und dann kann sie zustimmen, eine Rolle in deiner Inkarnation zu übernehmen. Diese Vereinbarungen werden vom höheren Selbst gelenkt.

Du inkarnierst dich also, und alles verläuft nach Plan. Es klappt nicht immer so wie ursprünglich abgesprochen, denn du hast immer «freien Willen und freie Wahl», um die Richtung zu ändern. Die Kinder sind gerade im richtigen Alter, damit dich dein Partner verlassen kann. Verstehst du, was an diesem Punkt geschähe, wenn du dich an den Plan erinnertest? Du würdest auf deine Armbanduhr schauen und zu deinem Mann so etwas Ähnliches sagen wie: «Ist es nicht Zeit für dich zu gehen?» Du hattest geplant, durch die Überwindung des Traumas und durch die Härte dieser offensichtlich unbekannten und unerwarteten Erfahrung in deinem Leben spirituelle Stärke zu gewinnen. Wieviel, glaubst du, hättest du gewonnen, wenn du gewußt hättest, was geschehen sollte?

Wenn du dich zum erstenmal in einer dreidimensionalen Welt wie der Erde verkörperst, sind die Anforderungen ganz allgemein gehalten. Es spielt nicht wirklich eine Rolle, welcher Religion, Nationalität oder Gesellschaftsklasse du angehörst, da du mit solchen Dingen noch keine Erfahrungen gesammelt hast. Die wichtigste Voraussetzung auf dieser Stufe ist, daß du nicht in eine Situation verwickelt wirst, die dir zu viel abverlangt oder in der du das Leben in der dritten Dimension sehr gut kennen mußt, um zu überleben. Gewöhnlich wird eine einfache Rolle in einem liebevollen Umfeld geplant, wo es möglicherweise eher auf Zusammenarbeit als auf das eigene Überleben ankommt. Ein Beispiel dafür könnte eine Inkarnation als geistig zurückgebliebenes Kind sein, das viel Liebe geben und empfangen kann, ohne daß irgend etwas von ihm verlangt wird, oder vielleicht als Kind in einem friedlichen Naturvolk, das weit entfernt von der «zivilisierten» Welt lebt.

Im Laufe deines Entwicklungsweges erfordert jede weitere Inkarnation einen umfassenderen Entwurf, weil immer weniger Situationen übrigbleiben, die du erleben kannst. Die letzten Leben in einer physischen Umwelt bedürfen eines gewaltigen Aufwands an komplizierter Planung. Sie müssen den Ausgleich aller karmischen Energien ermöglichen und die Gelegenheit zur Arbeit an all jenen spirituellen Fähigkeiten geben, die noch nicht vollendet sind, wie etwa Lauterkeit, Harmonie, Liebe, Wahrheit, Weisheit, Ehre, Friede, Mitgefühl, Hingabe, Reinheit, Freiheit und Mut.

Das Leben eines jeden folgt einem übergeordneten Zweck, doch darüber hinaus gibt es viele kleinere Teilziele. Wenn der Lebenssinn erreicht oder vollständig aufgegeben wird, ist die Inkarnation vollendet. Das Ziel eines Lebens muß nicht großartig oder spirituell sein. Auf den frühen Stufen kann es wirklich alles beinhalten, etwa das Erlernen des Umgangs mit einem menschlichen Körper, das Leben in der Natur, das Erfolgreichsein, die Erfahrung einer Beziehung mit dem anderen Geschlecht, die Fähigkeit, ein nützliches Mitglied einer Gruppe zu sein, und vieles mehr. Dies führt in den letzten Inkarnationen zu umfassenderen Zielen wie der Kommunikation mit den sanften, feineren Energien des Deva-Reiches, der Erfahrung der Welt der Naturmächte in ihrer Gesamtheit, dem Erleben absoluter Einheit mit dem Universum oder dem selbstlosen Dienst an Gott und damit an der Erde.

Die letzte Inkarnation erfordert einen ausgefeilten Plan, und die mitschöpferischen Rollen werden von besonderen Wesen gespielt. In den letzten Inkarnationen müssen alle Aspekte ins Gleichgewicht gebracht werden. Wenn die letzten noch verbliebenen Lektionen nicht gelernt oder die verschiedenen Energien nicht ausgewogen sind, muß natürlich eine weitere Inkarnation auf einem anderen Planeten arrangiert werden.

Für das Missionsteam auf der Erde ist die Situation etwas

anders. Die große Mehrheit hatte ihr letztes Leben in einer dreidimensionalen Welt schon abgeschlossen, bevor sie wegen ihrer Mission auf die Erde kam. Seit seine Mitglieder hier sind, haben sie jedoch weitere Inkarnationen mit ihren üblichen Höhen und Tiefen erlebt, die wiederum ins Gleichgewicht gebracht und gelöst werden müssen, obwohl sie freiwillig auf sich genommen wurden.

In späteren Inkarnationen erkennt man die Einfachheit des Lebens und beginnt, mit dem göttlichen Strom zu schwimmen. Am Ende der letzten physischen Inkarnation versteht man schließlich die eigene göttliche Natur und erreicht einen Zustand von Frieden und Freude. Diese Erkenntnis ermöglicht, die dreidimensionale Welt der Illusionen in Demut und Dankbarkeit anzunehmen, da man erkennt, daß sie uns die Gelegenheiten für unsere Lernprozesse schenkt. Von diesem Augenblick an beginnt die vierte Dimension realer zu werden als die dritte.

Wenn wir den gesamten Lernprozeß überblicken, werden wir uns am Ende bewußt, daß wir mit allen Lebensformen wie mit unseren Geschwistern verbunden sind. Wir erkennen, daß die verschiedenen Völker, Nationalitäten, Gebräuche, Lebensweisen, Glaubensformen und Religionen das Leben in der dreidimensionalen Welt außerordentlich bereichern. Betrachten wir analog die wunderbaren Eigenschaften der roten Tomate, des grünen Blattsalats, der orangenen Karotte, der purpurfarbenen roten Bete und des gelben Maiskorns. Jedes Gemüse steuert seine einzigartige Farbe, seine Vitamine und Mineralien, seine Konsistenz und seinen Geschmack bei, damit der Salat vollkommen wird. So folgt jeder von uns einem anderen Weg, lernt auf seine eigene Weise weiter, um sein Wissen dann wieder in das Ganze einzubringen. Es gibt Millionen verschiedener Arten, Dinge auszuführen. Viele unterschiedliche Wege gilt es zu entdecken, viele Heilmethoden und Lebensweisen. Jede dieser Möglichkeiten ist eine Lernerfahrung, und keine davon ist die «richtige» oder die «falsche» Weise, unser

Leben zu leben, sondern einfach diejenige, die wir uns ausgesucht haben. Auf dieser Weisheitsebene können wir jedem seine Wahl zugestehen, ohne über die Richtigkeit dieser Wahl zu urteilen. Wenn es nur eine einzige Art gäbe, wie man etwas tun sollte, dann wäre dafür auch nur ein einziger Mensch nötig!

Parallele Universen entstehen durch unsere Gedanken. Hier können wir Alternativen und Varianten zum Leben kreieren. Wir erschaffen die «Realität» durch unser Denken. Das heißt, daß die volle Bandbreite der Art und Weise, wie Leben gelebt wird, von jedem einzelnen sowohl für sein eigenes persönliches Leben als auch für den gesamten Planeten geschaffen wird.

Auf einer individuellen Ebene geschieht all das, wovon du am meisten überzeugt bist, daß es geschehen wird. Auf nationaler Ebene gilt das gleiche. Die Zukunft eines Landes, welche die Mehrheit eines Volkes für die wahrscheinlichste hält, wird für die Menschen dieses Volkes eintreffen. Menschen, die diesen Glauben nicht teilen, werden erleben, daß alles, was geschehen mag, einschließlich der damit verbundenen Umstände in ihrem Leben nicht wirklich eine Rolle spielt.

Wenn eine gewisse Anzahl Menschen an eine bestimmte Sicht der Dinge glaubt, schafft sie damit eine potentielle Möglichkeit für deren Realisierung. Wenn eine Anzahl weiterer Menschen der Ansicht ist, es würden andere Umstände auf der Erde eintreten, erschafft auch dies eine mögliche Variante, und so weiter. All diese Realitäten bezüglich der irdischen Zukunft existieren gleichzeitig. Oft wird dieses Phänomen mit dem Begriff «wahrscheinliche Realität» bezeichnet. Diese verschiedenen Wirklichkeiten befinden sich alle im Zustand möglicher Erschaffung, doch diejenige, die wir *erleben*, wird jene sein, welche die meisten Menschen für die «wahrscheinlichste» Realität halten. Wählten mehr Menschen eine der anderen Möglichkeiten, würde sich das «Gleichgewicht der Kräfte» verschieben, und wir fingen an, jene Wirklichkeit zu leben. Nehmen wir einmal an, ohne uns auf konkrete Zahlen zu beziehen: Fünf Millionen Menschen halten einen dritten Weltkrieg für sehr wahrscheinlich; zehn Millionen glauben dagegen, daß wir unsere Lehren aus den Kriegen gezogen haben und daß die Welt von jetzt an in Frieden leben wird, da schwierige Situationen durch Gespräche zu lösen sind. Da die Mehrheit sich also für die Erfahrung des Friedens entschieden hat, wird kein dritter Weltkrieg mehr erschaffen. Nebenbei gesagt entschieden sich vor ungefähr zwölf Jahren alle Menschen auf einer spirituellen Ebene gegen die Möglichkeit eines Atomkrieges.

Wir kennen viele Prophezeiungen, die beträchtliche Zerstörungen auf der Erde ankündigen und vom Versinken riesiger Landmassen sprechen. Realitäten, die aus der Sicht des Nostradamus und des uns zeitlich näher stehenden Edgar Cayce am wahrscheinlichsten schienen, haben sich seitdem geändert und sind aller Voraussicht nach keine Kandidaten mehr für die Zukunft der Erde. Aufgrund des enormen Wirkens der Lichtarbeiter auf der Erde und der aufgestiegenen Reiche des Lichts verändert sich das Bewußtsein der Massen in großem Ausmaß.

In den Händen der Lichtarbeiter liegt eine große Verantwortung: die Macht des positiven Denkens. Wenn du glaubst, daß die Erde in einer verheerenden und traumatischen Weise gesäubert werden muß, vermehrst du mit jeder Äußerung und jedem Gedanken die Macht dieser Schöpfung. Und jedesmal, wenn du jemandem von deiner Überzeugung erzählst und er sich dafür entscheidet, es zu glauben, wird auch seine Energie dieser möglichen Wirklichkeit zugeführt. Wenn du statt dessen erkennst, daß die Erde sanft und leicht gereinigt werden kann, indem sie mit Licht angefüllt wird, vermehrst du die Macht und die Energie dieser Realität. Jedesmal, wenn du diese Botschaft an andere weitergibst, erhält diese Realität mehr Energie. Das erste Szenario erzeugt Angst und bewirkt, daß die Menschen ins Landesinnere ziehen und Nahrungsmittel horten. Die zweite Realität bewirkt Liebe und positive Energie, und die Menschen bilden Lichtzentren und visualisieren Licht, welches die Erde überflutet. Es besteht überhaupt kein Zweifel, daß wir es sind, die entscheiden, was auf dieser Erde tatsächlich geschehen wird.

Die derzeit wahrscheinlichste Realität für diesen Planeten, welche jede andere bei weitem überwiegt, ist der *sanfte* Aufstieg der Erde. Es ist höchst unwahrscheinlich, daß sich dies ändert, denn die Kräfte des Lichts haben bereits ihr Einverständnis erklärt.

Die derzeitig wahrscheinlichste Art und Weise des Aufstiegs ist von Mutter Erde selbst gewählt und wird von der Mehrheit der Menschen unterstützt. Sie hat sich bereits dafür entschieden, daß er sanft und mit einem Minimum an Störungen vor sich geht. Mit dem Licht, welches ihr gesandt wird, möchte sie die dichten Energien umwandeln, die immer noch in ihr enthalten sind. Sie hat wie wir einen physischen, einen emotionalen, einen mentalen und einen niederen spirituellen Körper.

Wie sanft die Erde ihren Aufstieg gestalten wird, hängt von zwei Faktoren ab: einmal von dem Maße, in dem die Lichtarbeiter fortfahren, den sanften Aufstieg als Realität zu erschaffen und jenen Szenarien, die Massentod und Zerstörung voraussagen, ihre Zustimmung zu verweigern, und zum anderen von der Menge an Licht, die sie weiterhin konzentrieren. Der ganze Prozeß könnte ohne eine einzige Überschwemmung und ohne Erdbeben ablaufen. Dies soll nicht bedeuten, daß die eine Realität richtig und die andere falsch ist, sondern einfach, daß Alternativen verfügbar sind und wir die Wahl haben, welche wir zu erschaffen wünschen.

Die Lichtarbeiter tragen die volle Verantwortung dafür, die Idee, daß wir uns unsere eigene Realität erschaffen, ohne Zweifel zu verkörpern.

Andererseits müssen wir auch ziemlich rasch begreifen, wie groß die Macht der Gedanken ist. Tatsächlich gibt es nur noch ein wirkliches Problem auf der Erde, und das besteht darin, daß einige Mitglieder der Kräfte des Lichts immer noch nicht verstanden haben, daß sie alle negativen Gedanken, die sie denken, tatsächlich manifestieren. Außerdem reißt jeder negative Gedanke ein kleines Loch oder eine Lücke in das aurische Feld, wodurch negative Energien oder Wesenheiten Einlaß finden. Wenn sich alle Lichtarbeiter vollständiger mit ihrer «ICH BIN»-Gegenwart verbinden, vergrößert sich die Macht ihres Denkens gewaltig. Sobald man vollkommen aus dem ICH BIN handelt, kann es überhaupt keinen negativen Gedanken mehr geben. Deshalb wird jedem Menschen in seinem Leben gezeigt, wie schnell und effektiv Gedanken wirken. Die Spanne zwischen dem Zeitpunkt, wo du einen Gedanken denkst, und dem Zeitpunkt seiner Manifestation im physischen Universum wird immer kleiner. Dies ist so, damit sich jeder an die Idee gewöhnen kann, ein Meister zu sein, der mit positiver Schöpfung arbeitet. Als Meister kannst du für die Erde eine positive Wirklichkeit wählen.

Vielleicht möchtest du dich für die Realität entscheiden, daß die Erde eine im vollkommenen Gleichgewicht befindliche harmonische Welt der Toleranz, des Friedens und der Liebe ist, der alle Wesen auf der Erde und in den Himmeln einen nicht abreißenden Strom von Licht und Liebe zuführen. Dieser ununterbrochene reine Strom der Liebe und des Lichts Gottes durchdringt sanft alle Lebensformen auf der Erde, so daß sich alle dichten Energien in reinem Licht auflösen.

4
Der Aufstieg und die Geburt in eine neue Dimension

Der Aufstieg gehört ganz natürlich zum Entwicklungsprozeß des Universums. Es ist immer so gewesen und wird wahrscheinlich so weitergehen, bis ein Aufstieg als universeller Prozeß nicht mehr nötig ist. Der Aufstieg als Entwicklungsstufe bezeichnet jenen Punkt, wo man in der Lage ist, seine Schwingungen auf die Frequenzen des Lichts zu heben, wodurch die fünfte Dimension sichtbar und zugänglich wird.

Wenn man die wahre Bedeutung des Aufstiegs erfaßt, erkennt man, daß es sich dabei nicht um etwas Neues handelt, was nur die wenigen «Auserwählten» beträfe, sondern um einen Prozeß, der allen Wesen im gesamten Universum zugänglich ist. Auf individueller Basis wird dieser Prozeß innerhalb jenes Zeitrahmens durchlaufen, den ein Wesen für sein Wachstum wählt. Früher oder später wird jeder unvermeidlich dort ankommen.

Um aufzusteigen, ist es nicht nötig, den Prozeß zu verstehen oder jemals das Wort gehört zu haben. Es ist einfach ein Begriff, der von manchen Menschen gebraucht wird, um diesen besonderen Schritt des eigenen Wachstums zu beschreiben. Alle Entwicklungsstufen sind voller Wunder und enthalten ihre eigene besondere Schönheit und Weisheit. Dennoch haben einige Menschen das Gefühl, daß der Aufstieg etwas Besonderes ist, da diese Stufe bedeutet, die dreidimensionale Welt der Dualität und der damit verbundenen Lernprozesse zu verlassen und sich in ein Bewußtsein von Einheit, Harmonie und Liebe zu erheben.

Der Planet, den wir als Erde kennen, hat den Punkt in seiner

Entwicklung erreicht, wo er beschlossen hat, seine Schwingungsfrequenz auf jene Stufe anzuheben, die wir Licht nennen. Diesen Prozeß der Schwingungsbeschleunigung, der nötig ist, um die Ebene des Lichts und damit die fünfte Dimension zu erreichen, nennt man «Aufsteigen». Alle Planeten des Universums steigen auf, und jetzt ist unsere Erde auf dem besten Wege, dies zu tun.

Es gibt ein Wesen, dessen fester Körper der Planet Erde ist (man nennt ihn auch «Terra»), ganz ähnlich dem sichtbaren Körper der Menschen. Gewöhnlich sind es die Bewohner eines Planeten, die zum Schritt des Aufstiegs bereit sind und ihn in die Wege leiten. In diesem Falle aber ist es *der Planet*, der den Aufstieg beschlossen hat und dadurch allen seinen Lebensformen die Möglichkeit gibt, diesen Schritt mit ihm zu vollziehen. Alles ist genau geplant, und die Erdbewohner sind jetzt in der Lage, sich auf die Mithilfe einzustimmen.

Da wir uns dem neuen Jahrtausend nähern und sich der ganze Planet in die feineren Frequenzen des Lichts bewegt, muß jedes irdische Lebewesen entscheiden, ob es sich nach der Erde ausrichten will. Dies wird das goldene Zeitalter des Friedens und der Liebe sein, das seit so langer Zeit von vielen Religionen und Philosophen vorausgesagt und vom Kalender der Mayas offenbart wird, jene Ära, welche tief im Herzen vieler Millionen Menschen lebt, die im Lichte Gottes arbeiten.

Jede Lebensform, die mit der natürlichen Energie der Erde verbunden ist und sich mit ihr identifiziert, wird die veränderte Schwingungsrate ganz von selbst nachvollziehen, weil diese harmonisch mit ihr zusammenwirkt. Der größte Teil der Lebenswelt der Säugetiere, der Vögel, der Insekten, der großen und kleinen Pflanzen, der Welt des Wassers und der Mineralien wird so reagieren.

Die Ausnahme bilden Menschen oder höher entwickelte Tiere, die bewußt entscheiden können, ob sie sich mit der Erde verbinden wollen oder nicht. Dazu würden jene Menschen und

Tiere gehören, die sich über die Ebene der «Gruppenseele» hinaus entwickelt haben und daher fähig sind, individuelle Entscheidungen für ihr Leben zu treffen. Alle entwickelten Lebensformen sind davon betroffen, welche kraft ihres individuellen Willens handeln. In dem Maße, wie du den eigenen Willen – *deinen* Willen – vorrangig einsetzt, trennst du dich vom göttlichen Fluß – *Seinem* Willen – ab. Vielleicht fragst du dich, was mit jenen Völkern geschieht, die in vollkommener Abgeschiedenheit leben und möglicherweise nicht in der Lage sind, spirituelle Informationen zu erhalten. Vielen Stämmen in den sogenannten weniger «zivilisierten» Ländern ist das göttliche Gesetz bereits bewußt, und sie leben in vollkommener Harmonie mit der Natur.

Delphine und Wale sind hochentwickelte «alte Seelen», die aus der Planetenkonstellation des Sirius stammen und deshalb nicht als Tiere eingestuft werden. Aus der Perspektive anderer Zivilisationen verfügt die Erde über zwei intelligente Gattungen: die der Delphine und Wale und die der Menschen. Die Delphine und Wale sind seit Atlantis auf der Erde geblieben, um in dieser besonderen Zeit zu helfen. Sie vermitteln denjenigen, die sich mit ihnen in Verbindung setzen, große Freude und Heilung. Die Delphine haben viele unterschiedliche Aufgaben. Ihre gegenwärtigen Funktionen bestehen darin, den Menschen Liebe, Freude und Vergnügen bewußtzumachen, einen Sinn für die Verbundenheit und Liebe zwischen Menschen und Tieren zu schaffen, mit Sternenkinderbabys zu kommunizieren, Fischern und Schiffbrüchigen zu helfen, kranke Kinder zu heilen und die Weltraumflotten in Gebiete des Meeres zu lotsen, die Hilfe brauchen.

Die Wale sind die Bibliotheken der Erde. Menschen, die den Drang – und den Mut – verspüren, mit diesen Kolossen zu schwimmen, werden feststellen, daß ihnen Informationen übermittelt worden sind. Delphine und Wale vollenden im Augenblick ihre letzten physischen Inkarnationen. Diese Entscheidung wurde im Jahre 1990 von der gesamten Delphin-

und Walpopulation getroffen. Manche von ihnen wählen Todesarten, welche die Menschen darauf aufmerksam machen, wie verbunden sich diese Wesen mit uns fühlen, und die sie lehren sollen, daß alles Leben wertvoll ist. Wenn du das Gefühl hast, daß ein Teil deiner Arbeit der Rettung der Delphine gilt und daß du den Menschen deren Notlage ins Bewußtsein rufen willst, dann gehört dies ebenfalls zum übergeordneten Plan.

Jedes Wesen auf der Erde und innerhalb ihres Energiefeldes – also die sie umschließende vierte Dimension und die Astralebene (die niedere vierte Ebene) mit einbegriffen – kann jetzt eine persönliche Wahl treffen, und dabei spielt es keine Rolle, ob es inkarniert ist oder nicht. Es kann entscheiden, ob es sich in den göttlichen Strom begeben und sich dem Aufstieg der Erde in harmonische Gefilde anschließen will oder ob es in der dreidimensionalen Realität zu bleiben wünscht. Diejenigen, die das letztere wählen, werden sich weiterhin mit dem Lernprozeß des Ausgleichens beschäftigen und später über die Idee der Dualität, des Materialismus und über alle Aspekte der Beschränkung hinauswachsen. Jeder, der diese Möglichkeit wählt, müßte die Erde verlassen und dies auf einem anderen dreidimensionalen Planeten außerhalb dieser Galaxis tun, da sich alle Planeten dieser Galaxis in der fünften oder einer höheren Dimension befinden werden, so daß es hier keine dritte oder vierte Dimension mehr geben wird.

Jedem Menschen, der sich dafür entscheidet, seinen dreidimensionalen Lernprozeß fortzusetzen, verhelfen seine Führer oder Engel zu einem anderen Planeten in dieser Dimension. Am äußeren Rande unserer Galaxis gibt es einen Planeten, welcher der Erde ähnlich sieht, und man vermutet, daß all diejenigen, die diesen Lernprozeß fortsetzen wollen, sich wahrscheinlich dorthin begeben werden. Außerdem stehen in verschiedenen Galaxien noch andere dreidimensionale Planeten zur Verfügung. Vielleicht aber werden alle Lebewesen auf der Erde den fünfdimensionalen Lernprozeß wählen.

Während der Planet aufsteigt, wird seine Schwingung oder

Energie zunehmend feiner und schneller. Ein Mensch, der beschließt, in der dritten Dimension zu bleiben, hindert seine eigene Schwingung wirkungsvoll daran, sich aus ihrer gegenwärtigen Dichte zu erheben. Die meisten von denjenigen, die dieses Muster wählen, werden einen Punkt erreichen, wo es ihnen zu unangenehm wird, in der erhöhten feineren Schwingung des Planeten zu leben, und ihre Körper werden «sterben».

Wenn es jemand irgendwie schaffen würde, die veränderten Schwingungen zu ertragen und noch auf der Erde zu sein, wenn sie sich in die neue Dimension verlagert, dann ist es eventuell möglich, diesen Menschen mit seinem physischen Körper auf einen anderen Planeten zu bringen. Obgleich dieser Gedanke für manche Leute schwer zu fassen sein mag, besteht dennoch die Möglichkeit, Menschen zu relokalisieren. Nicht nur das: Man kann Menschen in ihren Körpern umsiedeln, ohne daß sie merken, daß sich irgend etwas in ihrem Leben geändert hat. Damit wird sichergestellt, daß sie keinen seelischen Schock erleiden, weil sie plötzlich feststellen, daß sich die Welt um sie herum völlig verändert hat.

Man könnte diesen Vorgang mit dem Prozeß des Vergessens vergleichen, den nicht nur die Kräfte des Lichts, sondern alle Menschen normalerweise bei der Verkörperung erleben. Die Situation, in der sich diese Menschen wiederfinden, wird für sie annehmbar sein, und alle Teile werden zusammenpassen. Sie werden auch die Tatsache akzeptieren, daß die Mehrheit der Erdbevölkerung nicht mehr vorhanden ist, darunter vermutlich einige ihrer Freunde und Familienmitglieder. Du könntest diesen Zustand mit deiner Lage als Säugling vergleichen: Es war völlig in Ordnung für dich, daß deine Fähigkeiten eingeschränkt waren und du das Gehen und Sprechen erst erlernen mußtest. Doch ihn Wahrheit hast du viele Fähigkeiten und kannst wahrscheinlich einige planetarische Sprachen sprechen.

Auf diesem neuen, ja, auf jedem dreidimensionalen Planeten,

wohin sich diese Menschen begeben mögen, entsprechen die karmischen Anforderungen für die Vollendung des dreidimensionalen Lernprozesses den normalen Ansprüchen des universellen Gesetzes. Dies liegt daran, daß der neue Planet nicht unter dem negativen Ungleichgewicht leiden wird, welches der Erde die besondere Gabe von 51 Prozent gewährte (siehe Kapitel 7). Die dort lebenden Menschen werden mit den gleichen Lektionen fortfahren, mit denen sie vor der Umsiedlung beschäftigt waren, und der Stand ihres karmischen Gleichgewichtes wird derselbe sein, den sie vor dem Verlassen der Erde erreicht hatten. Bei ihrem Aufbruch werden sie alle negativen Energien, die sich in ihrem aurischen Feld befinden, mitnehmen. Du wirst dich fragen, warum diese nicht beseitigt werden können, um ihnen auf ihrem neuen Planeten zu einem schnelleren spirituellen Erfolg zu verhelfen. Doch dann würde man sie an der Möglichkeit hindern, die Auswirkungen dieser Energien zu erfahren.

Darüber hinaus werden jene Menschen, die sich weiterhin für das dreidimensionale Lernen entscheiden, nicht mehr dem zusätzlichen Einfluß der Dunklen Herren (Dark Lords) ausgeliefert sein. Diese waren für das Ungleichgewicht der irdischen Energien verantwortlich, auch wenn die Menschheit den negativen Gedankenmustern zugestimmt hatte. Gott hat verfügt, daß die Dunklen Herren ins Licht zurückgeführt werden. Sie haben den Punkt, an dem sie hätten begreifen können, daß sie in Wahrheit Kinder Gottes sind, längst überschritten. Durch ihre ständige Negativität, ihre verzehrende Sucht nach Macht und durch den Aufbau ihres Egos ist ihre Verbindung zur Quelle – der dreifachen Flamme Gottes – so geschwärzt worden, daß kein Licht mehr eindringen kann. Sie dürfen sich nicht länger frei im Universum bewegen und sollen in die Nähe des göttlichen Herzens geführt werden, damit sie ihre Negativität ablegen und sich wieder mit der Quelle verbinden können. Dann werden sie ihren Entwicklungsweg noch einmal von vorn beschreiten. Diesmal werden sie innerlich wissen, was geschieht, wenn ein Mensch ausschließlich mit negativen Energien arbeitet und sich vom göttlichen Pfad entfernt. Dieses Wissen wird allen Wesen durch das universelle Bewußtsein übermittelt. Von einer höheren Perspektive aus betrachtet, haben die Taten der Dunklen Herren dem Universum eine große Lehre erteilt.

Wenn ein Planet oder ein Mensch aufsteigen will, muß er die Dichte oder die Frequenz seiner vier niederen feinstofflichen Körper – des physischen, emotionalen, mentalen und niederen spirituellen Körpers – den Schwingungen des Lichts angleichen. (Es gibt acht feinstoffliche Körper, und vier davon nennt man «die niederen».) Das bedeutet: Jene Anteile der niederen Körper, die dichte Energie enthalten, müssen diese verfeinern und loslassen. Folgende Situationen ziehen für gewöhnlich dichte Energien an: Ärger, traumatische Erlebnisse, düstere Gedanken, Schmerz, einfach alles, «was im Dunkeln» liegt. Um die vier höheren feinstofflichen Körper müssen wir uns nicht kümmern.

Von einer Lebensform, die aufsteigen möchte, wird einzig und allein verlangt, daß sie sich mit dem göttlichen Fluß im Universum verbindet. Sie muß alle dichten Schwingungen in ihrem Umfeld an die Oberfläche steigen lassen und deren Frequenz erhöhen, wodurch sie sich auflösen.

Es gibt zwei Möglichkeiten, wie man solche Energien an die Oberfläche hebt. Der harte Weg besteht darin, daß du in deinem Leben Situationen und Menschen anziehst, welche die notwendigen Schlüsselreize setzen, um verdrängte Gefühle auszulösen. Du magst zum Beispiel in deiner Vergangenheit den traumatischen Verlust eines geliebten Menschen erlitten und den Schmerz darüber tief in deiner Seele begraben haben. Dann manifestierst du dir eine Situation, in der dich ein Mensch, den du liebst, verläßt. Dadurch werden die vergangenen schmerzhaften Erfahrungen angestoßen, und du bemerkst, daß du zusätzlich zu deinem aktuellen Schmerz mit dem alten belastet wirst. Dies ist oft sehr schwer, weil sich alles in hohem Maße intensiviert. Allerdings wird die verdrängte

Energie dadurch bearbeitet, vorausgesetzt, daß du sie losläßt und nicht erneut zurückweist. Solltest du sie abermals unterdrücken, wirst du erneut Umstände anziehen, die dir helfen werden, sie wieder an die Oberfläche zu holen. Wenn du dies öfter tust, dürfte dein Leben ganz schön ungemütlich werden.

Einfacher und eleganter setzt man diese Energien indessen frei, indem man durch die Aufnahme von Licht immer mehr wahres Selbst verwirklicht. Dies kann man auf vielen Wegen erreichen, etwa indem man das neue Selbst als Realität bekräftigt, die Kontrollmuster des Verstandes aufgibt, meditiert, visualisiert, daß man von Liebe und Licht durchflutet wird, und dem Ego erlaubt, mit dem Geist und der Mission zu verschmelzen.

Die Zeit ist gekommen, «dem Alten den Rücken zu kehren und hinein in das Neue zu springen». Mache eine Bilanz und ändere alles, was sich mit *dem Selbst, das du im Augenblick bist,* nicht verträgt oder das dieses nicht wahrhaftig repräsentiert. Dies betrifft jeden Bereich deines Lebens: die Farben und den Stil deiner Kleidung, die Möbel, die Bilder, die Farben der Wände in deiner Wohnung und deren Gestaltung, deine Freunde, deinen Beruf, deine Lebensweise, alle unflexiblen Verhaltensmuster und bequemen Gewohnheiten – alles, was nicht die Schwingung deines gegenwärtigen Seins widerspiegelt. Überprüfe deine Adreßliste für die Weihnachtskarten, deinen Schuhschrank, die Musik, den unaufgeräumten Schrank, den Dachboden, alte Papiere, Gerümpel und jene Dinge, die du für den Fall aufbewahrst, daß sie vielleicht noch gebraucht werden. Mache dir außerdem klar, daß all dies ständig überprüft werden muß, weil du dich ständig änderst.

Wir beklagen uns über die Eigenart unserer «Wegwerfgesellschaft», die uns immer neue Modetrends beschert und uns mit Möbeln, Kleidung, Autos, Elektrogeräten und Gegenständen versorgt, die zwar modern, aber nicht besonders haltbar sind. Oft hört man die Leute sagen: «Sie machen die Dinge nicht mehr so wie früher.» Die Möbel waren unverwüstlich, Schuhe und Kleidung wurden aus Naturfasern hergestellt und konnten mühelos geflickt werden, Ersatzteile für Elektrogeräte waren gut erhältlich, es war üblich, das defekte Teil zu ersetzen, statt ein neues Gerät zu kaufen, und im allgemeinen blieben uns die Dinge viel länger erhalten. Wie wir jedoch wissen, gibt es immer einen übergeordneten Sinn, und die offensichtlich geringere Qualität und der schlechtere Service des modernen Lebens zwingen uns, die uns umgebenden Energien ständig zu erneuern. Wir leben in einer neuen Zeit, und diese Zeit verlangt, daß wir die Energien unserer Umwelt fortwährend an die stets schneller werdende Schwingung der Erde und ihrer Bewohner anpassen. Im gegenwärtigen System ist es naheliegend, daß wir uns mit Dingen umgeben, die *jetzt* geschaffen werden. Die modernsten Technologien, unverbrauchte Ideen, frisches Bauholz, unberührte Mineralien und Materialien – alle diese Dinge enthalten die neuen, feineren Energieschwingungen. Daß wir uns mehr mit neuer, feiner Energie statt mit der älteren, dichteren Energie umgeben, unterstützt unseren Fortschritt in Richtung Aufstieg außerordentlich.

Sobald du deine eigene Schwingung anhebst, wirst du dich wohler fühlen, wenn die Dinge deiner Umgebung eine ähnliche Frequenz aufweisen wie deine eigene. An Orten mit ähnlicher Schwingung wirst du dich ruhig und entspannt fühlen, unbehaglich dagegen bei Farben, Gegenständen und Menschen, die dir in ihrer Schwingung unähnlich sind.

Das bedeutet nicht, daß du der derzeitigen Mode folgen mußt oder gar Geld brauchst, um diese Veränderungen vorzunehmen. Du schaffst einfach einen Raum, der dem Neuen erlaubt, sich zu offenbaren. Wenn du dem Überfluß des Universums erlaubst, zu dir zu kommen, werden dir alle Arten von Dingen geschenkt werden. Erkenne, wer du in diesem Augenblick bist, und unterstütze dein wahres Selbst mit aller Kraft. Es ist erstaunlich, wie viele verschiedene Möglichkeiten das Universum hat, um seinen Überfluß darzubieten, wenn du es nur zuläßt. Wenn du dein Leben dagegen mit alten, dichten Schwingungen, die dich überhaupt nicht mehr betreffen, blokkierst, wird nichts und niemand an deren Stelle treten können, auch wenn es dir vorbestimmt war.

Etwas Ähnliches geschieht, wenn du die Lektionen, die im Leben gelernt werden müssen, nicht schnell genug erfaßt. Dann wird sich ein Muster fortsetzen, welches bewirkt, daß du in deinem Leben immer wieder die gleiche Art von Menschen und Situationen anziehst. Die Menschen und die neuen Erfahrungen, die dir wirklich zugedacht sind, finden nicht in dein Leben, weil du für sie noch nicht bereit bist. Dadurch trittst du auf der Stelle, und die Ereignisse wiederholen sich, statt daß dein Leben abwechslungsreich und angenehm ist, dein Bewußtsein weiter und dein Wissen umfassender wird. Du kannst tatsächlich spüren, daß eine hohe Geschwindigkeit im Leben belohnt wird. Wenn du die zu lernenden Lektionen schnell erfaßt, spürst du die Begeisterung des Gewinnens und merkst, daß du rasche Fortschritte erzielst.

Die Erde hat bei der Durchführung ihres Klärungsprozesses ähnliche Wahlmöglichkeiten wie du. Sie kann die Schwingungsrate ihrer Körper durch die Aufnahme von größeren Lichtmengen auf sanfte Weise anheben, oder sie kann dies durch geophysikalische Veränderungen wie Erdbeben und Überschwemmungen tun.

Um ihren Aufstieg durchzuführen, muß die Erde alle Energien innerhalb ihrer Struktur in die vollkommene Energiekugel zurückführen, die sie ursprünglich war, und deren Frequenz erhöhen. Dazu ist das Erdwesen durchaus in der Lage. Die Art und Weise, wie es dies tut, ist abhängig von der Lichtmenge, die es erhält. Es möchte diese Bereiche so sanft wie möglich erlösen, und wir unterstützen dies, indem wir Licht in die Erde lenken und sie mit Licht umgeben, um auf der ganzen Welt positive, heilende Strukturen zu erzeugen. Das Gebet ist ebenfalls eine Form der Verbindung mit der göttlichen Quelle allen Seins, und wir wissen, daß es uns mit der göttlichen Macht verbindet. Die Anwendung des Rechtes, Verfügungen zu erlassen, ist auch sehr hilfreich.

Eine andere Möglichkeit, der Erde beizustehen, besteht darin, daß wir unsere Aura rein und frei von Negativität halten. Dann können wir Licht durch die Energiezentren (Chakren) des Körpers bis in die Erde fließen lassen. Du kannst diesen Bereich rein halten, indem du Selbstdisziplin übst und dir nur positive Gedanken und reine Absichten gestattest, Affirmationen anwendest, nicht urteilst, vom «Kopf ins Herz» wechselst, indem du dir bewußtmachst, daß wir alle miteinander verbunden sind, und indem du liebevoller wirst. Es stehen darüber hinaus verschiedene Produkte zur Verfügung, die das Erhöhen der Schwingung fördern und bei der Klärung der niederen Körper helfen. Zu diesem Zweck gibt es Farben, Klänge, heilende Öle und Kristallessenzen oder die hoch schwingenden Kombinationsflaschen wie etwa *Avatara Harmony* (von Vicky Walls Nichte entdeckt) und *Aura Light*. Wenn du etwas davon in Betracht ziehst, solltest du nur das verwenden, was *im Moment* Resonanz erzeugt und sich richtig für dich anfühlt. Produkte, die in der Vergangenheit vielleicht höchst wirksam waren, sind möglicherweise nicht mehr rein genug oder enthalten nicht mehr die nötigen Schwingungen, um uns oder der Erde zu helfen. Jeder von uns hat unterschiedliche Bedürfnisse, und während der eine feststellt, daß Aromatherapie Wunder wirkt, hat ein anderer die Aufgabe, sein Leben friedlicher zu gestalten, oder er muß sich mit seinem Vertrauen oder seiner Selbstliebe auseinandersetzen. Es gibt mannigfaltige Wege, da die Menschen verschieden sind und unterschiedliche Bedürfnisse haben. Indem wir unserer Intuition folgen, verhelfen wir uns zu einem erweiteren Bewußtsein und bewegen uns auf eine höhere Entwicklungsebene.

Viele Menschen finden es wichtig, der Erde auf eine eher praktische Weise zu helfen. Auch dies ist äußerst hilfreich. Vertraue dem, was sich richtig für dich anfühlt. Die Erde ist für jede Form der Hilfe sehr dankbar. Wenn genügend Licht zur Unterstützung dieser Umwandlung verfügbar gemacht wird, muß die Erde das energetische Ungleichgewicht nicht auf geophysikalische Weise durch Erdbeben, Überschwemmungen und andere Katastrophen korrigieren.

Aus Liebe und aus Mitgefühl für alles Leben würde die Erde natürlich einen Übergang ohne Schmerzen und Traumata bevorzugen. Wie wir wissen, würden die meisten Mütter die denkbar sanfteste Geburt wählen. Die Erde ist keine Ausnahme. Ein sanfter Übergang würde darüber hinaus ihrem eigenen Wohlbefinden dienen, denn sie hat keine Freude an den schmerzenden Rissen und an den Umwälzungen ihres physischen Körpers, ganz zu schweigen vom zusätzlichen Trauma des menschlichen Leids.

Darin wird sie von der Hierarchie und von den inkarnierten Mitgliedern der Kräfte des Lichts in hohem Maße unterstützt. Die Hierarchie hilft ihr durch eine besondere Zuteilung von Energie (siehe Kapitel 6), die Lichtarbeiter durch die außerordentliche Konzentration von Licht. In dem Maße, wie die Erde Licht empfängt, kann sie sich anmutig wandeln. Uns steht außerdem das wunderbare Geschenk des violetten Strahls zur Verfügung, welches uns von St. Germain, dessen Cohan oder Führer, anvertraut wurde. Violett ist die Farbe des am höchsten schwingenden Chakras im Körper, des Kronenchakras. Der violette Strahl ist eine Hochfrequenzschwingung, der alle Energien niederer Dichte umwandelt. Wenn in irgendeiner Situation Negativität freigesetzt wird, dann verschaffe dir Zutritt zu diesem Strahl und visualisiere, daß violettes Licht durch die Gedanken, den Ort oder die Person fließt. Dadurch wird alles in eine höhere Schwingung versetzt und in positive Energie umgewandelt. Negative Energie verschwindet nicht einfach. Wenn sie nicht transformiert wird, suchte sie sich ein Ventil und richtet sich gegen irgend jemanden oder irgend etwas.

Alles, was auf diesem Planeten jetzt noch auf dichten Schwingungen beruht – alles Festgelegte und Unbewegliche, das auf alten Ideen, Vorstellungen und Lügen beruht wie

Macht, Herrschaft, Angst und Materialismus –, muß sich befreien und beginnen, mit der immer rascher schwingenden planetarischen Energie Schritt zu halten. Wenn es seine Starre nicht aufgeben kann oder will, wird es zugrunde gehen und verschwinden. Jetzt wird von uns verlangt, daß wir uns in den Geist hineinbegeben, wodurch spirituelle Aspekte wie Liebe, Mitgefühl, Toleranz, Wahrheit, Harmonie und Ausgeglichenheit freigesetzt werden. Im Augenblick erleben wir, daß sich vieles verändert: das Ende des Kommunismus, den nächtlichen Fall der Berliner Mauer, den Zusammenbruch großer Versicherungsgesellschaften und Banken, das Auftreten weiblicher Priester, die Wiedervereinigung von Südafrika und die Wahl Nelson Mandelas zum Präsidenten, das Ende des Kalten Krieges, die Veränderung der Traditionen der Königlichen Familie ihn England und die Friedensbewegungen in Israel und Irland. Dauerhafter Friede wird dann herrschen, wenn alle Völker auf der Erde danach verlangen. Viele gegenwärtig auf der Erde herrschenden Zustände können bewältigt werden, wenn der einzelne, die Gemeinschaft, die Nation, ja, wenn die ganze Menschheit ihre Macht zurückfordert.

All diese Dinge sind ein Schritt von der Individualität zur Einheit. Doch um den Wandel herbeizuführen, muß jeder Mensch die Verantwortung für die Erschaffung seiner Welt übernehmen. Es gehört in hohem Maße zu unseren heutigen Gepflogenheiten, daß wir unsere Macht an Ratsversammlungen, Regierungen, Ärzte, an die Polizei, ja an die verschiedensten Menschen abtreten, von denen wir glauben, daß sie es besser wissen als wir. Wir glauben, wir seien Opfer der Umstände, denn wir befürchten, unser Leben allein nicht regeln zu können. Jetzt ist es Zeit, daß jeder einzelne sich seiner Macht wieder erinnert. Jeder muß sich dessen bewußt werden, daß er in seinem Innern genügend Licht und Potential hat, ein Träger des Christusbewußtseins zu werden. In Wahrheit ist dies bereits der Fall, und alle müssen nur daran erinnert werden, daß es so ist. Wir erschaffen unsere eigene Wirklichkeit. Wir kehren in die

Einheit zurück, wenn wir zur Erkenntnis unserer uns innewohnenden göttlichen Verbindung mit allem Leben gelangen. Verwechsle dies nicht mit dem dreidimensionalen Plan einer «Einheitsweltregierung», der dazu dient, die Bevölkerung zu beherrschen.

Die Regel, daß man sich selbst ermächtigen muß, gilt auch für jene Gurus und Philosophen der Vergangenheit und Gegenwart, die eine große Rolle bei der Entwicklung dieses Planeten spielten. In der heutigen Zeit lehren die Träger des Lichts die Menschen, daß es nicht nötig ist, Gott außen zu suchen, da sie im eigenen Innern mit Ihm verbunden sind. Indem diese Lehrer es ablehnen, sich von anderen bewundern zu lassen, geben sie dem einzelnen seine Macht zurück. Durch den höchsten Gebrauch des göttlichen Willens hat jeder im Universum das Recht und die Macht, zu manifestieren und zu heilen.

Es gibt keine Führer oder Autoritäten, die allein für sich beanspruchen könnten, das neue Zeitalter auf die Erde zu bringen. An diesem Prozeß sind Millionen von Menschen beteiligt, von denen jeder die Wahrheit in sich selbst und nicht bei äußeren Kapazitäten sucht. Jeder wird ein Meister und strebt nach seiner eigenen Verbindung mit der Reinheit Gottes, dem Alles-was-ist, der Quelle. So vollendet sich der göttliche Plan auf der Erde.

Alle, die dem Licht dienen, helfen, unterstützen und ermutigen einander, die Macht selbst in die Hand zu nehmen. Es gibt keinen einzigen Guru, der die Macht über etwas allein beanspruchen könnte. Alle nehmen teil an der Verankerung der neuen Energien – wie etwa des weiblichen Prinzips, das sich jetzt auf der Erde manifestiert. Im göttlichen Plan für die Erde steht nichts davon, daß es nur einer Person erlaubt ist, die Aufgestiegenen Meister oder die kosmischen Wesen zu channeln oder sich Zutritt zur höchsten Wahrheit zu verschaffen. Es gibt keine Elite und keine Auserwählten, die allein von Gott gesegnet werden. Erforscht eure Herzen! Glaubt ihr wirklich, daß so etwas geschehen könnte? Auf der anderen Seite gibt es niemanden, der böse geboren wäre, und nichts rechtfertigt dessen Vertreibung aus deinem Herzen. Die wunderbare Gabe der Liebe, die uns geschenkt wurde, gehört der ganzen Menschheit, denn jeder ist ein wahres Kind Gottes. Wenn du eine Energie wahrnimmst, mit der du lieber nicht arbeiten möchtest, dann triffst du eine persönliche Auswahl. Wenn du aber sagst, es handle sich dabei um schlechte Energie und ziehst deine Liebe zurück, dann urteilst du. In einem solchen Falle ist es dir nicht gelungen, das übergeordnete Bild zu sehen, und du hast jemandem das Recht verweigert, zu lernen und sich zu entwickeln.

Wir können uns jetzt vieler wunderbarer Werkzeuge bedienen, die uns bei unserer Heilung unterstützen, wie Kristalle, Heilöle, Blütenessenzen und vieles mehr, und außerdem helfen uns Engel und Führer. Es ist herrlich, daß wir diese Hilfen annehmen dürfen, doch erkenne, daß sich all diese Gaben und Kräfte durch die göttliche ICH-BIN-Gegenwart auch in unserem Innern befinden.

Es ist vorausgesagt worden, daß fortlaufend Krankenhäuser geschlossen werden, weil die Verantwortung für die Heilung wieder in die Hände des einzelnen gelegt wird. Am Ende wird man erkennen, daß der Geist der wahre Verursacher der Krankheit ist und daß die Gedanken sowohl geistige wie körperliche Krankheiten herbeiführen. Erkältung wird zum Beispiel immer durch einen Verlust erzeugt. Sie ist eine Manifestation – von dem Wesen selbst geschaffen, um den leeren Raum zu füllen, der durch einen Mangel in seinem Leben entstanden ist. Dabei kann es sich um einen tatsächlichen oder einen befürchteten Verlust handeln, der sich vielleicht nie ereignet. Doch die gedankliche Kontemplation des Mangels, die der tatsächlichen oder befürchteten Not vorausgeht, wird geistig bereits als realer Verlust gewertet. Natürlich definiert jeder Mensch anders, was Verlust für ihn bedeutet. Wenn du eine Erkältung heilen willst, dann spüre den Augenblick des Mangels auf und schau ihn dir an. Dies gilt allerdings nur für Menschen, die an einer Erkältung leiden und keine anderen Symptome haben. Wenn du dich dafür interessierst, welche Gedankenstrukturen was für Krankheiten erzeugen, dann findet du diese alphabetisch geordnet im Anhang des Buches *Gesundheit für Körper und Seele* von Louise Hay.

Weltweit erwachen die Menschen in großem Ausmaß, und ein neues Bewußtsein entsteht. Wir alle nehmen tiefgreifende Veränderungen auf der Erde wahr. Auch empfangen wir besondere Zeichen, die uns daran erinnern sollen, wer wir sind. Vielen Lichtarbeitern werden ungewöhnliche, herrliche Regenbögen als Zeichen ihrer Verbindung mit Gott dargeboten. Manche Menschen haben auf den Kopf gestellte oder dreieckige Regenbögen gesehen, bei anderen waren es viele hintereinander. Der Regenbogen ist sehr bedeutsam, und in der Bibel steht, Gott habe ihn als Versprechen dafür an den Himmel gesetzt, daß die Erde nie wieder verwüstet werde. Viele Menschen sahen taubenförmige Wolken und das Schwert des Erzengels Michael, Excalibur.

Während dieses Erwachens findet ein vollkommener Ausgleich statt. Indem wir darüber informiert werden, auf welch mannigfaltige Weise der Planet ausgebeutet wird, lenken wir unsere Aufmerksamkeit damit gleichzeitig auf das natürliche Gesetz Gottes. Beides rückt in unser Blickfeld, damit wir es aufnehmen und verdauen. Wenn du die Informationen über die Unterdrückung des Planeten nicht von einer ausreichend hohen Warte betrachtest, kannst du leicht in die dreidimensionale Falle geraten und denken, alles sei schlecht. Sei dir dessen bewußt, daß die Dinge, die du liest und hörst, schon seit langer Zeit geschehen, aber geheimgehalten wurden. Jetzt steigen sie für alle sichtbar an die Oberfläche, damit die Menschen Verantwortung übernehmen und beschließen können, was nicht länger geschehen darf. Indem geheimgehaltene Informationen preisgegeben werden, vermehren die Menschen ihre Kenntnisse über den Zustand der Welt.

Wir erfahren von der globalen Erwärmung, ausgelöst durch

das Abholzen großer Flächen des Regenwalds, von der erbärmlichen Behandlung alter Menschen, dem massiven Gebrauch von Chemikalien in unserer Nahrung und unserem Wasser, der schlechten Versorgung Behinderter, der Bestechlichkeit von Politikern, dem sexuellen Mißbrauch von Kindern und den Nebenwirkungen verschriebener Medikamente. Dann sind da die Zerstörung der Ozonschicht, die Auswirkungen der Umweltverschmutzung, die Grausamkeit der Tierversuche für Medizin und Kosmetik, die an Schafe und Rinder verfütterten Antibiotika und Chemikalien, die deren Wachstum beschleunigen sollen, die grausame Behandlung der Tiere durch die Schlachthöfe, die jungen Kälber, die nach der Geburt von ihren Müttern getrennt werden, die Strategien der Großkonzerne mit unredlichen Praktiken, die Leiter der Fabriken, die Erfindungen unterdrücken, welche ihre Profite schmälern könnten. Schließlich erfahren wir von der Verschwörung zur Bildung einer einheitlichen Weltregierung, von Ländern, die heimlich Kriege inszenieren, und von der Beherrschung der Welt durch einige wenige reiche Familien.

Gleichzeitig entdecken wir Tausende von neuen Naturheilverfahren. Osteopathie, Chiropraktik, Aromatherapie, Farbtherapie und Reflexzonentherapie sind nur einige der natürlichen Heilweisen, die heutzutage in vielen Krankenhäusern Großbritanniens angeboten werden. Die Menschen beginnen, Dinge für möglich zu halten, die sie früher augenblicklich verworfen hätten, wie etwa Reinkarnation, Akupunktur, Vitamin- und Mineralkuren, Naturkost, Vegetarismus, Telepathie, Geister, den Nutzen des Schwimmens mit Delphinen, einen sechsten Sinn, ja, sogar UFOs. Wenn du keine Angst mehr davor hast, für verrückt erklärt zu werden und dein Interesse an diesen Themen zugibst, wirst du überrascht sein, welch dramatischer Wandel im Bewußtsein der Menschen bereits stattgefunden hat.

Es ist heute ebenfalls erlaubt, sich freier auszudrücken, und andere Menschen werden in viel höherem Maße toleriert, akzeptiert und verstanden. Dinge, die früher unter den Teppich gekehrt und tabuisiert wurden wie Geisteskrankheiten, Sexualität, Homosexualität, uneheliche Kinder, sexueller Mißbrauch und Ehen zwischen Weißen und Farbigen werden heute in großen Fernsehshows diskutiert.

Dieses neue Bewußtsein führt die Erde und ihre Bewohner dem Aufstieg entgegen. Die Menschen öffnen sich weltweit in immer größerem Ausmaß der bedingungslosen Liebe. Indem die Menschen diese Liebe annehmen, können höhere spirituelle Wahrheiten einfließen, und die starren dichteren Energien beginnen sich aufzulösen. Dies läßt unser Bewußtsein wachsen, und die Schwingungen beschleunigen sich.

Manchen Mitgliedern der Kräfte des Lichts fiel es schwer, Liebe zu empfinden, da ihre Herzchakren verschlossen waren. Als Atlantis versank, versiegelten viele Atlanter ihre Herzchakren; der Verlust war zu groß. Erst jetzt gelingt es einigen dieser Menschen, den Schmerz an die Oberfläche zu bringen und sich wieder der Liebe zu öffnen.

Der Erde wurde die Blaupause eines neuen Lichtkörpers übergeben. Früher stieg der einzelne Mensch auf, indem er seine persönliche Schwingung und die seiner ihn umgebenden feinstofflichen Körper auf die Frequenz des Lichts anhob. Es entsprach dem normalen Verhaltensmuster, den Körper «sterben» zu lassen und die Schwingungen der feinstofflichen Körper weiter zu beschleunigen. Dadurch konnte man sich in die fünfte Dimension «erheben».

Jetzt haben wir die Möglichkeit, dieses universelle Muster zu ändern und mit all unseren niederen Körpern aufzusteigen. Damit manifestiert sich universell ein neues Aufstiegsmuster. Zum erstenmal in diesem Universum haben jene Wesen, die sich dafür entscheiden, die Möglichkeit, die Schwingungsfrequenz der molekularen Struktur des physischen Körpers zu erhöhen. Wie bei allen neuen Dingen, die der Menschheit vorgestellt werden, mag die Idee leicht als «abwegig» und unmöglich abgetan werden.

Heute können wir mit unserem physischen Körper aufsteigen. Wenn der Körper seine Schwingungen der Lichtfrequenz angeglichen haben wird, vereint er sich mit dem bereits bestehenden Lichtkörper. Aus dieser Verbindung entsteht jene neue Form des Lichtkörpers, die in der fünften Dimension gebraucht wird. Durch diesen Vorgang kann sich die Blaupause, die zuvor nur in höheren Sphären existierte, physisch manifestieren. Kein Wesen in diesem Universum, welches in Zukunft die Entwicklungsstufe des Aufstiegs erreicht hat, muß mehr «sterben», sondern es kann dieses Verfahren anwenden. Das gilt auch für die heutigen Bewohner der Erde, so daß sie sich zum erstenmal entscheiden können, auf welche Weise sie aufsteigen wollen. Nachdem dies vollbracht ist, können sie sich in jedem Augenblick einen Körper in der dritten Dimension manifestieren, indem sie ihre Schwingungen einfach wieder der niedrigeren Dichte anpassen. Folglich müssen sich Wesen aus den höheren Ebenen nicht mehr inkarnieren oder «materialisieren», wenn sie einen dreidimensionalen Planeten besuchen wollen.

Menschen, die zum erstenmal aufsteigen, bilden ihren Lichtkörper, indem sie ihre niederen Körper von dichteren Energien reinigen. Da fast alle Mitglieder der Kräfte des Lichts ihren Lichtkörper schon früher erworben haben, holen sie sich diesen einfach aus der «Abstellkammer» in der fünften Dimension zurück. Gleichgültig, ob man seinen Lichtkörper zurückbekommt oder neu bildet, man hat in beiden Fällen die Möglichkeit, die neue Form des kombinierten Lichtkörpers zu erlangen.

Während man das Licht im physischen Körper vermehrt, erlebt man körperliche Phänomene, welche die Veränderung der DNA begleiten. Am meisten verbreitet sind Energieschübe, die den Körper in plötzlicher Hitze durchströmen. Dies geschieht unabhängig von Alter oder Geschlecht und gleicht den Hitzewallungen in den Wechseljahren. Diese Energien folgen keinem bestimmten Muster. Sie können sehr unregelmäßig auftreten, einige Wochen lang mehrmals täglich und dann eine

Weile lang überhaupt nicht. Sie treten immer dann auf, wenn du dich den Veränderungen in der DNA anpaßt.

Ein anderes verbreitetes Symptom ist, daß man plötzlich Schwierigkeiten hat, scharf zu sehen, weshalb sich viele beim Optiker eine Lesebrille kaufen. An manchen Tagen ist deine Sehschärfe völlig in Ordnung, doch plötzlich mußt du die Seite weiter weghalten, um sie deutlich lesen zu können. Dieses Phänomen beruht auf einem Wechsel der Perspektive, der dadurch zustande kommt, daß sich die inkarnierte Seele mit ihrer ICH-BIN-Gegenwart verbindet. Es kann eine Weile dauern, bis diese Angleichung abgeschlossen ist, so daß eine Lesebrille mit den schwächsten Gläsern ratsam sein könnte. Doch vielleicht gibt es auch andere Möglichkeiten, mit diesem Phänomen umzugehen. Wenn du das prüfen möchtest, dann bitte deine ICH-BIN-Gegenwart, dein Umfeld für ein paar Minuten zu verlassen. Deine Sehschärfe sollte dann kurzfristig wieder ihren früheren Zustand erreichen.

Ein anderes Symptom macht sich als Ton oder Geräusch in den Ohren bemerkbar, nicht zu verwechseln mit dem altbekannten Ohrensausen. Oft handelt es sich dabei um ein an dein Bewußtsein gesandtes Signal, welches dich daran erinnert, daß du dich auf eine höhere Dimension einstimmen mußt, wenn du auf dem laufenden bleiben willst. Ein kleiner Prozentsatz von Menschen erlebt gelegentlich, daß ein Körperteil vorübergehend taub wird. Viele spüren ein Kribbeln, einen Druck oder Kopfschmerzen im Dritten Auge und im Scheitelchakra, was mit Veränderungen in der Zirbeldrüse und der Hypophyse zu tun hat, leiden an Grippe, welche der Klärung dient, und an ungewöhnlichen Schmerzen. Diese Symptome treten in allen Altersgruppen und bei beiden Geschlechtern auf.

Vielleicht hast du bereits bemerkt, daß du nicht mehr das gleiche Tagespensum schaffst wie früher. Der Grund dafür ist, daß sich die Zeit der beschleunigten planetarischen Schwingung angleicht und ebenfalls schneller fließt. Obwohl die Uhren scheinbar unverändert die Zeit anzeigen, haben wir derzeit

(Januar 1997) in einem Zeitraum von vierundzwanzig Stunden vier Stunden, vierzig Minuten und fünfunddreißig Sekunden verloren. Damit bleibt uns ein Tag von neunzehn Stunden und zwanzig Minuten. Wir verlieren schon seit einigen Jahren Zeit, und der Prozeß beschleunigt sich. Dies wird sich fortsetzen, bis «keine Zeit» mehr übrig ist und wir das ewige «Jetzt» der fünften Dimension erreichen.

Es kann sein, daß du im Laufe deines Tages «Lücken» hast und plötzlich merkst, daß du «irgendwo anders» gewesen bist. Bei diesem Phänomen handelt es sich um die Anpassung an deine Multidimensionalität bei vollem Wachbewußtsein. Solche Lükken treten oft mitten im Satz auf, besonders dann, wenn du die reine Wahrheit sagst. Die Worte verschwinden einfach.

Nachts finden in verschiedenen Gebieten und an unterschiedlichen Orten zahlreiche Ratsversammlungen statt, um die Pläne insofern zu überprüfen und zu ändern, daß sie der veränderten Geschwindigkeit auf der Erde noch entsprechen. Manchmal nimmst du an nicht weniger als drei Versammlungen pro Nacht teil. Die höheren Sphären sind überfüllt von Missionaren, die diese Treffen besuchen. Nirgendwo findest du einen Parkplatz, und der Konsum von Kaffee und Zigaretten ist gewaltig. (Kleiner Scherz!) Wenn du dich beim Aufwachen eher müde und erschöpft fühlst, kannst du deine ICH-BIN-Gegenwart bitten, dein Programm zu kürzen. Dies wird sicherstellen, daß du nachts nicht mehr ganz so aktiv bist. Solltest du um drei oder fünf Uhr morgens aufwachen, dann sind diese Versammlungen dafür verantwortlich, denn um diese Uhrzeit gehen sie zu Ende. Ja, *Zeit* spielt dabei tatsächlich eine Rolle! Was würde geschehen, wenn du um elf Uhr vormittags während der Bürozeit zurückkämst?

Natürlich kann es noch andere Gründe geben, warum man sich beim Aufwachen erschöpft fühlt. Eine Frau beklagte sich darüber und suchte nach der Ursache. Es stellt sich heraus, daß sie einfach ein neugieriger Mensch war, und diesem Verhaltensmuster folgte sie bei Tag und bei Nacht. So eilte sie umher und besuchte aus Angst, irgend etwas zu versäumen, alle Versammlungen und Beratungen. Als ihr dies zu Bewußtsein kam, beschloß sie, damit aufzuhören, und das Problem war sofort gelöst.

Wenn du im Laufe der Nacht aufwachst, ist es das beste, dies ruhig zu akzeptieren. Wehre dich nicht dagegen, protestiere nicht und werde möglichst nicht ganz wach. Dann wirst du leicht wieder einschlafen. Die Weisen raten uns, alles ohne Widerstand frei fließen zu lassen, da sonst Blockaden geschaffen werden. Es gibt ein Sprichwort: «Du wirst zu dem, was du ablehnst.»

Wenn du plötzlich aufwachst, kann es passieren, daß du zu schnell in deinen Körper zurückrutschst und die niederen Körper und das aurische Feld deshalb nicht im Gleichgewicht sind. Du wirst erfahren, daß sich dein Unbehagen auflöst, wenn du dich aus dem Körper wieder herausbewegst (oder dies visualisierst), um dann sanft einzutreten. Wenn du Schwierigkeiten hast, dir so etwas vorzustellen, dann kannst du die Worte, welche diese Handlung begleiten, auch einfach nur denken: «Ich löse mich jetzt aus meinem Körper.»

Während dieser Planet seine Schwingungen beschleunigt und sich unaufhaltsam auf die fünfte Dimension zubewegt, durchquert er die vierte. Diese Dimension ist sowohl für die Erde wie für ihre Bewohner die Sphäre des Emotionalkörpers. Im Laufe der Fortbewegung schreitet die Reinigung voran, da verschiedene Gefühlsebenen an die Oberfläche gebracht und gelöst werden. Dies geschieht auf individueller, nationaler, internationaler und planetarischer Ebene.

Wenn sich Himmel und Erde in deinem Leben im Gleichgewicht befinden, dann lebst du im «Jetzt». In diesem Zustand der «Gegenwärtigkeit» und der Erdung kannst du mühelos spüren, welche Worte und Handlungen sich im jeweiligen Augenblick richtig anfühlen. So ist der Geist! Er kommt spontan aus dem Herzen (göttliche Aktion, nicht Reaktion) und wird begleitet von Interesse, Begeisterung oder einfach einem Gefühl der Richtigkeit. Schritt für Schritt begleitet er dich auf deinem Weg. In jedem Moment wird dir der nächste richtige Schritt gezeigt, und wenn du dich mit dem göttlichen Strom (Geist) bewegst, wirst du immer wissen, was du zu tun hast. Jeder Augenblick fordert eine Entscheidung. Doch wenn du beschließt, dich auf Gedanken und Gefühle einzulassen, welche die Klarheit des Geistes trüben, versäumst du Gelegenheiten, die dir angeboten werden, um dein Wachstum zu fördern.

Du wirst auf diesem Weg von allen Menschen unterstützt, die dir begegnen, und auch die Engelwesen stehen dir bei. Vertraue darauf, daß Lehrer, Führer, Engel und deine ICH-BIN-Gegenwart Menschen und Situationen manifestieren, die dazu bestimmt sind, dir zu helfen.

Doch um diese Gelegenheiten zu erkennen, wirst du im «Jetzt» bleiben müssen. Wenn es dir an Disziplin fehlt und du dein Bewußtsein nicht im göttlichen Strom und in den Schwingungen des Geistes verankerst, könntest du eine Chance verpassen. Du müßtest dann so lange warten, bis dein höheres Selbst dir eine andere Gelegenheit arrangiert, damit du deine Lektion begreifen oder den Überfluß in deinem Leben zuzulassen lernst.

Um wachsam und geerdet zu bleiben, mußt du wahrscheinlich einige Änderungen in deinem Leben vornehmen. Die folgenden Schritte könnten dich dabei unterstützen:

1. Vielleicht solltest du mehr oder weniger schlafen.
2. Iß Nahrungsmittel, die höher schwingen und «lebendig» sind wie frische Früchte und Gemüse. Vermeide «tote», verarbeitete Nahrung. Trinke Wasser von guter Qualität in ausreichender Menge. Meide fluorisiertes oder gechlortes Leitungswasser, indem du einen erstklassigen Wasserfilter benutzt.
3. Führe Arbeiten oder Übungen durch, welche die Erdung unterstützen wie Gartenarbeiten oder andere körperliche Tätigkeiten.

4. Wirf alles aus deinem Leben hinaus, was dich nicht wirklich erfreut (hört sich wie die Verwirklichung eines Traumes an, nicht wahr?).
5. Gib jede seelenzerstörende Tätigkeit auf. Du wirst irgendwann auf den Überfluß des Universums vertrauen müssen. Warum nicht jetzt?
6. Bewahre dir deine reine Absicht und deine Integrität.
7. Lösche alle negativen Gedanken in dem Augenblick, wo sie aufkommen. Worte haben Macht, und das Wort «löschen» entfernt tatsächlich alle Negativität aus deinem Geist. Sei dir deiner negativen Gedanken bewußt. Wenn du deine Aufmerksamkeit bis zu einem gewissen Grad auf sie richtest und «löschen» denkst, wirst du sie bewältigen. Fülle alle leeren Räume, die auf diese Weise entstanden sind, mit einer Flut von weißem Licht. Das hilft dir dabei, deine Aura rein zu halten.
8. Bediene dich der violetten Flamme, um dichte Energien in deiner Umgebung zu verwandeln. Visualisiere, daß die Farbe Violett durch alle negativen oder dichten Bereiche strömt. Auch diese Technik hilft dir, deine Aura rein zu halten.
9. Erlaube dir nicht, in Kritik oder Urteilen zu schwelgen.
10. Nimm den uneingeschränkten Standpunkt bedingungsloser Liebe gegenüber allem Leben ein.
11. Konzentriere dich auf den Atem. Dein Atem ist immer im «Jetzt». Er verbindet dich mit dem Atem Gottes. Wenn du die Aufmerksamkeit auf den Atem lenkst, dann gib die bewußte Kontrolle auf und erlaube, daß deine ICH-BIN-Gegenwart, dein göttliches Bewußtsein, die Führung übernimmt. Gewöhnlich wird sich dann dein Atem verändern. Oft wird er sanfter oder langsamer. Er gleicht sich der Harmonie des göttlichen universellen Atems an.

Jeder von uns lernt auf seine eigene Weise in seiner eigenen Geschwindigkeit. Nimm das Beispiel einer Mutter, die in bedingungsloser Liebe zuschaut, wie sich ihr kleines Kind abmüht, den Fußboden zu reinigen oder abzuwaschen. Könntest du nicht den gleichen Standpunkt einnehmen? Ist es richtig, daß wir von den Menschen in unserer Umgebung nur deswegen erwarten, in einer bestimmten Weise zu handeln, weil sie ein wenig älter sind und «Erwachsene» genannt werden? Müssen wir ungeduldig werden und sie kritisieren, weil wir beschlossen haben, «sie sollten es jetzt besser wissen», nur weil sie nicht mehr unserer Definition eines Kindes entsprechen? Wer sagt, «sie sollten»? Welchem Glaubensmuster entspricht das? Können wir ihnen nicht dasselbe Recht gewähren, von dem wir wünschen, daß es uns die anderen zugestehen? Die meisten von uns lernten folgende Regel in der Schule: «Was du nicht willst, das man dir tu, das füg auch keinem anderen zu» – oder nicht? Zweifellos schätzen wir alle, wenn unser Lern- und Wachstumsprozeß von anderen mit Geduld und Nachsicht betrachtet wird. Nur weil uns etwas einfach und offensichtlich erscheint, muß dies nicht für andere Menschen zutreffen. Du bist wahrscheinlich auf vielen Gebieten sehr fähig und tüchtig, doch denke daran, daß auch du lernen mußtest.

Es ist nicht schwer, diese Dinge zu tun. Wir müssen nur unsere starren Verhaltensmuster überwinden, um die Schleusen der Freude, des Glücks und der Liebe zu öffnen.

Die drei Wellen des Aufstiegs

Vor einigen Jahren erhielten die Kräfte des Lichts auf der Erde Botschaften, die von dem Amerikaner Eric Klein gechannelt und hauptsächlich in Form von Tonbändern weitergegeben wurden. Diese übermittelten Botschaften stammen von den Aufgestiegenen Meistern und sprechen von drei Wellen des Aufstiegs. Auf den ersten Bändern wird klar gesagt, daß es sich dabei um einen neuen Teil des Planes handelt. Die ersten fünf

Mitschnitte sind von schlechter Qualität und schwer zu verstehen. Das mag daran gelegen haben, daß die Informationen unerwartet kamen und die technischen Vorbereitungen für eine klare Aufzeichnung Zeit in Anspruch genommen hätten. Doch diese knisternden Bänder gingen um die Welt und wurden wieder und wieder kopiert. Einzelne Menschen und Gruppen auf der ganzen Welt lauschten den wunderbaren Worten. Die Bandqualität schien keine Rolle zu spielen, denn die Begeisterung wuchs, und ein großes Erwachen fand statt.

Du wirst dich erinnern, daß der ursprüngliche Plan davon spricht, daß jeder Missionar aufsteigen wird, sobald seine individuelle Aufgabe vollendet ist. Dieser Plan behält seine Gültigkeit. Die gechannelte Botschaft verhieß zusätzlich dazu drei Wellen des Aufstiegs und erweiterte den ursprünglichen Plan damit um ein neues Konzept. Dieses besagt, daß jenen Lichtarbeitern, denen es gelingt, die dichten Energien ihrer niederen feinstofflichen Körper genügend zu klären, geholfen werden kann, auf eine höhere Schwingung des Lichts zu gelangen und somit aufzusteigen. Das Angebot umfaßt Hilfeleistungen bei der Anhebung des physischen Körpers sowie der niederen feinstofflichen Körperformen. Es wurden zwar keine Angaben in Prozenten gemacht, doch muß ein Lichtarbeiter, der diese Hilfe in Anspruch nehmen will, seine niederen Körper zu mindestens sechzig Prozent geklärt haben, um die unglaublichen Veränderungen, die mit einem solchen Aufstieg verbunden sind, handhaben zu können (selbst wenn man der Tatsache Rechnung trägt, daß er dies schon vorher getan haben mag). Das universelle Gesetz verlangt außerdem, daß sechzig Prozent der Mission abgeschlossen sein muß, was bei den meisten Lichtarbeitern allerdings der Fall ist. Der Vorschlag lautet, daß jene, die diese Stufe der Klärung erreicht haben, in eines der Lichtraumschiffe des Ashtar-Kommandos «gehoben» werden können. Dabei handelt es sich um eine jener Raumflotten, die der Erde dienen. Doch Achtung! Es gibt Betrüger, die in niederen Dimensionen operieren und behaupten, Kommandant Ashtar oder Kommandanten anderen Namens zu sein (siehe die Anmerkung über die falsche Hierarchie, Kapitel 10). Bei seinem Aufenthalt auf solch einem Schiff kann sich der Lichtarbeiter erneut mit seinen höheren Fähigkeiten vertraut machen. Es wird angenommen, daß diese Anpassung einen Zeitraum von mehreren Tagen bis einigen Wochen in Anspruch nehmen wird. Man hofft, daß jeder, der sich für diese Möglichkeit entschieden hat, bereitwillig zur Erde zurückkehrt, um seine Mission als Meister im Vollbesitz seiner Fähigkeiten zu Ende zu führen. Wer sich für diese Alternative entschieden hat, wird danach zurück auf die Erde gebracht, und zwar entweder in dieselbe Familie am selben Ort oder, wenn er es wünscht, an jeden Platz auf dem Planeten, wo er glaubt, am besten dienen zu können.

Auf dem Band heißt es weiter, daß für jene, die an denselben Ort auf der Erde zurückkehren wollen, die Möglichkeit besteht, dort im «selben Augenblick» ihrer Abreise wieder anzukommen. Dies wird auch dann so sein, wenn sie sich mehrere Wochen an Bord eines Schiffes aufgehalten haben. Kinder, Haustiere oder andere Wesen, für die jemand verantwortlich ist, werden gleichzeitig mit an Bord genommen. Es wird Wege geben, um die engsten Familienangehörigen jener Lichtarbeiter, die nicht an denselben Ort zurückzukehren wünschen, sondern anderswo auf dem Planeten dienen wollen, davon zu informieren, daß es ihnen gutgeht. Mit dieser Maßnahme soll Kummer vermieden werden.

Die göttliche Lenkung gestattet drei Energiewellen, die diesen Vorgang unterstützen sollen. Als Akt der Gnade werden diese Wellen jedem, der dazu bereit ist, bei der Vollendung seines Aufstiegs helfen. Das Band nennt weder einen bestimmten Zeitraum noch genaue Daten. Dafür gibt es zwei Gründe: Die Kräfte des Lichts wählen und entscheiden frei, weshalb sich die Pläne ändern können; außerdem stammt diese Verfügung aus einer höheren Quelle als der Sphäre der Aufgestiegenen Meister, die die Informationen an den Channel durchgaben. Die Aufgestiegenen Meister gaben kund, sie fühlten zwar, daß die erste Welle nicht mehr lange auf sich warten lasse, doch ihre Zeitvorstellung würde sich von der unsrigen unterscheiden.

Es wurde vorgeschlagen, daß vor allem Sterngeborene die erste Welle nutzen sollten, zusätzlich dazu jene Mitglieder der Kräfte des Lichts, die mit den ersten Veränderungen ihrer DNA umgehen konnten. Vielen Menschen gelang dies sehr gut, und sie verwandelten sich in großem Ausmaß.

Als die Monate vergingen und die erste Welle immer noch nicht angekündigt war, fiel es einigen Menschen schwer, ihre spirituelle Ausrichtung uneingeschränkt aufrechtzuerhalten und sich voller Begeisterung auf die Bündelung des Lichts zu konzentrieren (was alles zur Prüfung gehörte). Etliche ließen sich wieder in alte dreidimensionale Dichtemuster zurückfallen, wodurch die dichten Energien zurückströmen konnten. Um die nötige Durchhaltekraft und Disziplin für den Klärungsprozeß aufzubringen, bedurfte es tiefen Glaubens und Vertrauens. Manche begannen mit der Arbeit und lehnten sich dann bequem zurück, weil sie meinten, der Rest werde schon für sie erledigt werden. Andere schenkten Durchsagen aus niedrigeren Ebenen Glauben, die auf negative Weise eingriffen, indem sie die Menschen aufforderten, den physischen Körper durch Hungern zu reinigen. Obwohl sich viele Mitglieder der Kräfte des Lichts sehr danach sehnten, an dem Programm teilzunehmen, konnten einige die Disziplin kaum aufbringen, alle negativen Gedanken, Verwirrungen, Urteile und dreidimensionalen Glaubensmuster immer aufs neue loszulassen, um den für die Durchführung des Programms erforderlichen Prozentsatz der Klärung zu erreichen. Manchen Menschen gelang es nicht, die unterschiedlichen Energien von gechannelten Botschaften auseinanderzuhalten, und weil sie «alles» glaubten, öffneten sie der Verwirrung Tür und Tor. Die verschiedenen Gedankenmuster beeinträchtigten ihre Fähigkeit, sich mit der Quelle und dem göttlichen Fluß zu verbinden, was notwendig ist, wenn man seine Schwingungen auf sehr hohe Ebenen heben will. Es ist wirklich nicht schwer, den Klärungsprozeß zu durchlaufen, doch wenn man lange Zeit in dieser Dichte verkörpert war, braucht es gewiß ein wenig Gewöhnung, bis man wieder als Geist zu handeln vermag.

Bevor man nicht eine gewisse Ebene erreicht hat, kann die Anhebung der Wirklichkeit in eine höhere Dimension einen traumatischen Schock auslösen, der auf den Körper sogar tödlich wirken kann.

Wenn man Meisterschaft erlangen will, braucht man wirklich die Disziplin, negative Muster im Keim zu ersticken. Negative Gedanken müssen augenblicklich gelöscht und umgewandelt werden, weil sie sich negativ auf deine Energien und dein aurisches Feld auswirken. Setze dein Unterscheidungsvermögen und deine Intuition ein. Disziplin ist ebenfalls nötig, um sicherzustellen, daß man nicht in die dreidimensionale Wirklichkeit zurückfällt und sich in Urteilen, Gefühlen oder Gedanken darüber verliert, was getan werden «sollte» oder «müßte». Solche Muster bestimmen einen großen Teil unseres Lebens und reißen uns aus der uns innewohnenden spirituellen Intuition und Führung heraus. Nehmen wir beispielsweise einen Menschen, der sehr gerne aufsteigen und der Menschheit dienen möchte und der deshalb viele Klärungs- und Reinigungsübungen durchführt. Er liest eine Zeitung, und schon im nächsten Augenblick verwickelt er sich mit einem Freund in eine Diskussion, in der es darum geht, «wie schrecklich alles ist». Die beiden haben die spirituelle Sichtweise aufgegeben und sich dafür entschieden, die Lage von der dreidimensionalen Realität aus zu beurteilen. Man kann einen spirituellen Standpunkt einnehmen und große Liebe und tiefes Mitgefühl empfinden, ohne sich auf die äußerst begrenzte Sichtweise der dritten Dimension einlassen zu müssen. Wenn du das übergeordnete Bild sehen willst, stimme dich einfach auf dein Herz ein. So betrachtet, wird alles in der reinen Vollkommenheit sichtbar, die unsere Welt in Wahrheit bestimmt. Kannst du die göttliche Vollkommenheit nicht in jeder Situation wahrnehmen, dann ist dein Standpunkt noch nicht hoch genug.

Einigen Menschen gelang es, die erforderliche Konzentration und Disziplin aufzubringen. Doch in den höheren Sphären erkannte man, daß der geplante physische Aufstieg der Massen, der den physischen Körper umwandeln sollte, nicht möglich sein würde. Deshalb wurde die erste Welle des physischen Aufstiegs in einen spirituellen Aufstieg abgewandelt.

Obwohl noch nicht genügend Klärungsarbeit geleistet worden ist, um einen physischen Aufstieg zu erlauben, sind die Mitglieder der Kräfte des Lichts in großem Umfang erwacht, ihr Bewußtsein hat sich erweitert und ihre Schwingung erhöht. Wegen dieses großen Schritts nach vorne trafen die ICH-BIN-Gegenwart und die verkörperten Sterngeborenen eine einstimmige Entscheidung: Sie beschlossen, daß es für die Entwicklung des einzelnen besser wäre, die Hilfe der Lichtschiffe, die ursprünglich angeboten hatten, bei einem physischen Aufstieg zu helfen, nicht in Anspruch zu nehmen, sondern auf der Erde zu bleiben und nur die Unterstützung anzunehmen, welche die Energie der speziellen Welle zur Verfügung stellte. Es würde davon nur wenige Ausnahmen geben.

Die erste Welle traf im Mai des Jahres 1994 ein, und jene Menschen, die sich auf das Licht konzentriert und ihre niederen Körper um den erforderlichen Prozentsatz von dichter Energie gereinigt hatten, erlangten ihren spirituellen Aufstieg, der von einem Gefühl unglaublicher Leichtigkeit und Feinheit begleitet war. Den meisten war bewußt, daß sie spirituell aufgestiegen waren, da sie plötzlich über vorteilhafte Fähigkeiten verfügten. Diese können nämlich auch zurückgehalten oder entzogen werden, wenn es Hinweise gibt, daß der Mensch in negative Gedankenmuster zurückfällt. Jeder, der von der Macht Gottes Gebrauch macht, muß den Standpunkt des Geistes einnehmen und sehr positiv denken und handeln. Doch wenn dieser Zustand einmal erreicht worden ist, kann er nicht verlorengehen, auch wenn es so scheinen mag.

Man könnte den spirituellen Aufstieg die erste Ebene des Aufstiegs nennen. Auf dieser Stufe verbindest du dich bewußt mit der ICH-BIN-Gegenwart und erhältst den Lichtkörper. Du verschmilzt mit ihm und paßt dich seiner Funktionsweise an. Neue höhere Fähigkeiten offenbaren sich, je mehr du dich mit dem ICH-BIN verbindest. Wenn du diszipliniert bleibst und deiner Intuition folgst, könnte es sein, daß dir nur noch leichte Nahrung schmeckt und du über große Energien verfügst. Wenn du mit der Klärung fortfährst, den Prozeß engagiert weiterverfolgst und zu jenen gehörst, die den physischen Körper in Licht umwandeln wollen, könnte es geschehen, daß du mit der zweiten Welle vollständig aufsteigst. Verstehe mich recht: Niemand muß auf eine Welle warten, um aufzusteigen! Jeder kann aufsteigen, wann immer er eine Ebene erreicht hat, die dies gestattet. Dies ist immer so gewesen.

Einige Lichtarbeiter fühlten sich von der ersten Welle im Stich gelassen und waren rasch bereit, die Aufgestiegenen Sphären für die Änderung im Aufstiegsplan verantwortlich zu machen, doch in Wahrheit waren es die Lichtarbeiter in Verbindung mit ihrer ICH-BIN-Gegenwart selbst, die dies veranlaßt hatten. Der freie Wille und die freie Wahl sind große Geschenke und bewirken oft ganz andere Realitäten als jene, die man sich als die «wahrscheinlichsten» herbeisehnt. Der Aufstieg wird niemals etwas sein, was dir geschieht. Es ist ein kausaler Prozeß der Meisterschaft des eigenen Selbst. Laß dich durch diese drei Wellen nicht in Panik versetzen. Sie sind nur eine Wahlmöglichkeit. Vertraue der göttlichen Ordnung, daß du zur richtigen Zeit am richtigen Ort sein wirst. Der ursprüngliche Plan stellt deinen Aufstieg sicher.

Zusammenfassung

Der übergeordnete ursprüngliche Plan besagt, daß jeder Missionar aufsteigt, wenn er seine Mission vollendet hat. So lautet die ursprüngliche Vereinbarung. Sie wird immer gültig bleiben und jeden betreffen, der dem Weg der Einweihung folgt (siehe Kapitel 6).

Der Plan sieht außerdem vor, daß sich einige Menschen für die besondere Gabe der drei Wellen entscheiden können, um früher aufzusteigen. An diesem Punkt dürfen sie wählen, ob sie für den kurzen Zeitraum, den sie brauchen, um ihre Missionsaufgabe zu vollenden, zur Erde zurückkehren wollen. Sie können auch beschließen, nach Hause zurückzukehren. In diesem Falle müssen andere Lichtarbeiter ihre Aufgaben übernehmen.

Der Aufstieg mit Hilfe der drei Wellen ist eine Erweiterung des ursprünglichen Plans. Die Hierarchie integrierte ihn, um damit die Möglichkeit zu geben, den übergeordneten Plan noch besser zu unterstützen. Doch obwohl er verändert wurde, bleibt er in seinem ursprünglichen Ziel bestehen. Die besondere Gabe hilft jenen, die vor der Vollendung ihrer Mission aufsteigen möchten. Für diese Alternative mögen sich Lichtarbeiter entscheiden, welche die letzten Stufen ihrer Mission in einer wirkungsvolleren Weise vollenden möchten. Wenn sich jemand dazu bereiterklärt, steht sein Wunsch zu helfen wahrscheinlich eher im Vordergrund als das Bedürfnis, sich davonzustehlen.

Die Mitglieder der Kräfte des Lichts haben das Angebot der besonderen Gabe der drei Aufstiegswellen auf zweierlei Weise verändert:

1. Nur sehr wenige werden jetzt noch die Hilfe, sich an Bord der Raumschiffe heben zu lassen, in Anspruch nehmen. Die meisten werden sich direkt Zutritt zu den Energiewellen verschaffen, während ihre Körper auf der Erde bleiben.
2. Gegenwärtig dienen die drei Wellen des Aufstiegplanes dem geistigen und nicht dem körperlichen Aufstieg. Dies kann sich mit der zweiten und dritten Welle ändern. Kör-

perlich werden nur diejenigen aufsteigen, die zugestimmt haben, die Struktur der DNA des physischen Körpers umzuwandeln. Dies geschieht ungeachtet dessen, ob sie die besondere Gabe der drei Wellen annehmen oder die ursprüngliche Vereinbarung wählen. Längst nicht jeder hat sich für den physischen Aufstieg entschieden. Einige haben sich den «normalen» alten Aufstiegsweg ausgesucht, verstärken das Licht der drei niederen Körper und erlauben dem physischen Körper zu sterben.

Bemerkung: Bevor die Bänder von Eric Klein mit den Informationen über den neuen Plan der drei Wellen auftauchten, wurden diese Begriffe mit anderen Dingen in Verbindung gebracht. Mit «erster Welle» wurden ursprünglich die «alten Seelen» der ersten Schöpfung bezeichnet und mit «zweiter Welle» jene, die später zur Erde kamen und daher keine «alten Seelen» waren.

Der Begriff «erste Welle» bezog sich außerdem auf die irdisch inkarnierten Mitglieder der Kräfte des Lichts, welche die Zepter jetzt an jene weitergeben, die sich in der Periode der neuen Dimension auf der Erde verkörpern und die man «zweite Welle» nannte.

Im neuen Jahrtausend wird die Bevölkerung der Erde kleiner sein, da eine größere Auswahl von Planeten für das fünfdimensionale Lernen zur Verfügung steht. Zusätzlich zur Erde werden dann andere Planeten, die fünfdimensionales Lernen anbieten, zugänglich sein. Darüber hinaus werden praktisch alle Mitglieder der Kräfte des Lichts die Erde verlassen, da sie hier nicht länger gebraucht werden.

Der Evakuierungsplan

Infolge des freien Willens und der freien Wahl der Kräfte des Lichts umfaßte der erste Plan ursprünglich viele Alternativen, um unterschiedliche Endergebnisse zu ermöglichen. Unabhängig von dem neuen Plan der drei Aufstiegswellen existierte immer ein Evakuierungsplan. Dieser sah die Möglichkeit vor, alle Mitglieder der Kräfte des Lichts und einen Großteil der übrigen Menschheit an Bord der Lichtflotte zu heben, um sie in Sicherheit zu bringen. Dieser Plan sollte dann in Kraft treten, wenn die Kräfte des Lichts auf der Erde beschließen würden, daß die Erde tatsächlich eine umfassende geophysische Reinigung bräuchte. Während dieser Plan immer als mögliche Alternative bestehen bleibt, scheint es seit einiger Zeit unwahrscheinlich, daß er jemals angewendet wird.

Der Photonengürtel

Der Photonengürtel befindet sich im Universum und ist eine ausgedehnte Zone, bestehend aus Lichtenergie. Er setzt sich aus einer Verbindung von Teilchen und Antiteilchen zusammen, die aufeinanderprallen. Die scheibenförmige Sphäre dehnt sich Hunderte von Lichtjahren im Raum aus, und ein Planet braucht zweitausend Jahre, um sich hindurchzubewegen. Obwohl der Photonengürtel keine Wärme enthält, ist er eine wunderschöne, kraftvolle Energiequelle. Er kann alle Moleküle, die er berührt, in ihrer Schwingungsenergie anheben. Wenn irgend etwas, dessen Schwingungsebene der Sphäre dieses Umfeldes nahekommt, in den Photonengürtel eintritt, wird dessen Energie verfeinert und seine Entwicklung dementsprechend unterstützt. Wo Photonenenergie ist, kann keine Dunkelheit herrschen, weder physisch noch spirituell. Ob die Erde vollständig in diesen Gürtel eintritt, ist zwar noch nicht sicher, doch wenn es geschieht, könnte ein paar Tage Dunkelheit herrschen, da sich der Planet in einem «Nullzone» genannten Bereich befindet. Es besteht kein Grund, sich wegen dieser möglichen dunklen Tage zu fürchten, denn in den Polargebieten ist Dunkelheit eine vertraute Realität. Der göttliche Plan berücksichtigt dies.

Der Planet Erde und der Photonengürtel bewegen sich allmählich und sachte aufeinander zu. Dieses Ereignis wird als wundervolle Unterstützung der irdischen Entwicklung sehnsüchtig erwartet. Die Kräfte des Lichts kannten diese Information schon vor ihrer Inkarnation auf der Erde, desgleichen die Wesen der höheren Sphären.

Der göttliche Plan für die Erde zog die Möglichkeit in Erwägung, daß der Erde etwa ab den sechziger Jahren Photonenenergie zuströmen könnte, um sie zu einem bestimmten Zeitpunkt vollständig in den Photonengürtel eintreten zu lassen. Obwohl dieser Zeitpunkt auch heute noch unbekannt ist, ist es vorstellbar, daß dies kurz vor dem Jahr 2011 geschieht. Wie erwartet, begann die Photonenenergie die Erde in den frühen sechziger Jahren zu erreichen und unterstützte die Hippiebewegung bei ihrer Konzentration auf Liebe und Frieden.

Der Missionsplan sieht vor, die Ebenen des Lichts auf der Erde anzuheben und das Bewußtsein und die Schwingungen der Menschheit bis zum Ende dieses Jahrzehnts zu erhöhen. Dies stellt sicher, daß sich die Erdbevölkerung sanft auf die Energie ihres Heimatplaneten einstimmt und bereit ist, wenn sich die Erde letztendlich ins volle Licht bewegt.

Gestützt auf die Wirksamkeit des ausgefeilten Missionsplans wurde in Betracht gezogen, daß die Erde und all ihre Lebensformen ihre Schwingungen bereits vor dem direkten Eintreffen der Photonenenergie vollständig angehoben haben könnten.

Die Zeiteinteilung des gesamten Planes ist exakt berechnet. Die Vorbereitungen mußten genau sein, um den Menschen auf der Erde ausreichend Zeit zu lassen, sich mit der Quelle zu verbinden und ihre Schwingungen genügend anzuheben, damit der Brückenschlag in die fünfte Dimension leicht gelingen würde.

Ursprünglich war geplant worden, daß die Menschheit zu dem Zeitpunkt, wo die Photonenenergie die Erde erreichen würde, der Schwingungsebene, die sie für ihren Aufstieg benötigte, zumindest recht nahegekommen sein müßte. Auf den letzten Stufen würde sie dann von der wunderbaren Fülle des Photonenlichts unterstützt.

Wir wollen gemeinsam überlegen, ob wir glauben, daß die Menschheit sich jetzt auf einer Ebene befindet, auf der sie Mengen von hochfrequenter Photonenenergie aufnehmen könnte. Daß der göttliche Plan wirkt, erkennen wir an dem wunderbaren, umfassenden Bewußtseinswandel, der auf der ganzen Welt vor sich geht. Alles geschieht zum vorgesehenen Zeitpunkt, und die Ziele werden erreicht. Doch mit energetischen Kräften muß man vorsichtig umgehen, sonst könnten die Auswirkungen niederschmetternd sein! Wenn du dich auf deine innere Führung einstimmst, spürst du möglicherweise, daß die Menschheit für einen plötzlichenm massiven Einfluß extrem hoher Energiefrequenzen noch nicht genügend vorbereitet ist.

Wenn die Kräfte des Lichts entscheiden sollten, daß der Photonengürtel die Erde erreicht, bevor die Mehrheit der Menschheit ihre Schwingung so weit erhöht hat, um diese Energien aufzunehmen, entstände wahrscheinlich ein Chaos, die Menschen würden sich ängstigen und viele von ihnen sterben. Die Kraft würde der eines Blitzschlags gleichen, und weil die Menschen unfähig wären, mit einer solch massiven Veränderung umzugehen, würden ihre physischen Körper sterben. Wenn die Kräfte des Lichts zu dieser frühen Verbindung der Erde mit dem Photonengürtel ihre Zustimmung geben würden (*wobei der Glaube daran, daß es geschehen wird, die Zustimmung erschafft*), könnte der größte Teil der Menschheit keinen Nutzen aus den unzähligen Plänen ziehen, die dazu dienen sollten, in diesem letzten Jahrzehnt das Bewußtsein zu erweitern und die Schwingungen zu erhöhen. Als Konsequenz könnte die Mehrheit nicht aufsteigen und müßte das dreidimensionale Lernprogramm auf einem anderen Planeten fortsetzen.

Der göttliche Plan für die Erde gibt der gesamten Menschheit die Gelegenheit zum Aufstieg und erlaubt jedem einzelnen, sich dafür oder dagegen zu entscheiden. Die Mitglieder der Kräfte des Lichts haben viele Inkarnationen auf der Erde damit verbracht, dies zu ermöglichen. Sie halten es wahrscheinlich für die höchste Weisheit, dem göttlichen Plan zu gestatten, sich, wie ursprünglich festgelegt, zu entfalten. Wir können eine persönliche Entscheidung treffen, die sich auf unsere uns innewohnende spirituelle Intuition und unser Herzenswissen stützt. Solltest du dir nicht sicher sein, wie der höchste göttliche Befehl genau lautet, kannst du dich des Verfügungsrechtes bedienen (Kapitel 9) und danach fragen, was laut der göttlichen Ordnung geschehen sollte.

Die Prophezeiungen zeigen uns die Auswahl jener «wahrscheinlichen Realitäten», welche gegenwärtig von der Mehrheit gewählt werden. So kann sich jeder davon in Kenntnis setzen, was gegenwärtig erschaffen wird, und eine persönliche Entscheidung treffen, ob er diese Schöpfung akzeptieren will.

Einige Prophezeiungen sind reine Erfindungen. Sie werden in der Hoffnung publik gemacht, daß Menschen an sie glauben und ihnen ihre Zustimmung und damit Energie geben, womit die Chancen tatsächlich steigen, daß diese Vorhersagen eintreffen. Manche Prophezeiungen sind als Prüfungen gedacht oder dienen uns, indem sie uns zeigen, zu welchen Schöpfungen wir neigen. Andere sind gechannelt, stammen aber von Wesen aus niederen Dimensionen, die den übergeordneten Plan nicht kennen.

Wenn eine Prophezeiung nicht in Übereinstimmung mit der höchsten göttlichen Ordnung zu sein scheint – was man daran merkt, daß sie Angst erzeugt –, heißt das jedoch nicht, daß auf dieses Ereignis in jedem Falle verzichtet wird. Wenn jemand solch einer Vorhersage sofort Glauben schenkt, wirft er das Gewicht seiner eigenen Kraft und Energie in die Waagschale der möglichen Realisierung dieses Ereignisses. Wenn du erkennst, daß du die Welt, in der du lebst, selbst erschaffst, beginnst du, mehr Verantwortung für die Dinge zu übernehmen, die du glauben willst. Von da an unterstützt du nur noch die höchste Wahrheit.

Solltest du solch eine Prophezeiung hören, könntest du statt dessen als Meister handeln und deine Intuition benützen, um zu entscheiden, ob diese «wahrscheinliche Realität» die liebevollste und beste Lösung im Sinne des höchsten Wohles ist. Wenn du spürst, daß diese Vorhersage der großen Mehrheit nicht dient, dann schließe dich einer Botschaft an, die diesem Ziel besser entspricht.

Wir erschaffen unsere eigene Realität. Die Wahl, die die Mehrheit der Lichtarbeiter trifft, erschafft die Wirklichkeit, die wir auf der Erde erleben. Wir wollen alle damit fortfahren, den göttlichen Plan auf der Erde in all seiner vollkommenen Großartigkeit zu erschaffen.

Eine wunderbare neue Welt dämmert am Horizont, getaucht in den Glanz des goldenen Strahls des Christusbewußtseins – wir beschließen, nach Hause zurückzukehren.

5
Du erschaffst deine eigene Wirklichkeit

Die Vorstellung, daß dieser Satz wahr sein könnte, ist so unerhört, daß er zu den Gedanken gehört, die wir am wenigsten für unser Leben akzeptieren. Da wir Wahrheitssucher sind, haben wir natürlich davon gehört. Vielleicht ist es möglich, diesen Gedanken auf einer tieferen Ebene zu verstehen.

Alles, was du in deinem Leben siehst, fühlst, erfährst, wahrnimmst, alles, was dir bewußt wird, kann nur deshalb existieren, weil du an seine Existenz glaubst. Jeder erfährt aufgrund seiner Glaubensmuster eine andere Welt. Wenn du nicht daran glaubst, daß etwas existiert, dann existiert es auch nicht – in deiner Welt.

Deine Gedanken erschaffen deine Welt

Irgendwo, irgendwie, irgendwann hast du die Möglichkeit akzeptiert, all die Ereignisse und Menschen, die in der Vergangenheit zu deinem Leben gehörten oder noch heute dein Leben bestimmen, zu sehen, zu fühlen, zu erfahren oder wahrzunehmen.

Es scheint unglaublich zu sein, und doch:
Jede Situation existiert, weil du sie erschaffen hast;
jeder Mensch in deinem Leben ist da, weil du ihn gerufen hast;
jede Tat, alles, was dir zustößt oder angetan wird, geschieht deshalb, weil du es dir so ausgesucht hast.

Wenn etwas oder jemand zu deiner Welt gehört, hast du dieser Möglichkeit grundsätzlich zugestimmt. Wenn du nicht einverstanden gewesen wärest, daß dieses Ereignis in deinem Leben stattfinden könnte, würde es nicht geschehen.

Glaubensmuster können sich im Mutterleib noch vor der Geburt bilden, und so manche schleppen wir aus früheren Inkarnationen mit uns herum. Oft übernehmen wir die Meinungen unserer Freunde, unsere Familie, der Medien, der Gesellschaft und unserer Ausbildungsinstitute. Einige Überzeugungen werden von Generation zu Generation weitergereicht, etwa die, daß der menschliche Körper sterben muß oder daß nur selten jemand hundert Jahre alt wird. Dabei pflegten die Menschen vor der atlantischen Epoche ungefähr vierhundert Jahre lang zu leben. In jeder Gesellschaft, Kultur oder Nation existieren viele Glaubenssätze, wobei sich ganze Anschauungssysteme in einer einzigen Generation entwickeln oder verändern können. Wenn du dich auf eine Inkarnation vorbereitest, wählst du dir die besondere Kultur aus, in die du hineingeboren wirst, und du kennst die Überzeugungen, die sie prägen. Du entscheidest selbst, ob du diese Dinge glauben willst oder nicht. Du bist es auch, der allen Anschauungen – ganz gleich wie sie gebildet wurden und woher sie stammen – zustimmt. Darüber hinaus existieren sie, ganz gleich woher sie stammen, in diesem Augenblick bereits in dir.

Selbst wenn du deine Meinung über solch eine Anschauung im Laufe der Zeit änderst, hast du die Entscheidung bereits getroffen, daß sie dein Leben bestimmt. Auch wenn wir unsere Ansichten verändern, sind wir nur selten bereit, eine Überzeugung vollständig aufzugeben. Wir fühlen gewöhnlich, daß sie immer noch ein Bestandteil der Welt ist, in der wir leben. Meistens ersetzen wir eine Meinung durch eine andere.

Die Überzeugung, der wir den meisten Glauben schenken, bestimmt unsere Welt. Vielleicht hast du noch nicht bewußt über den prozentualen Anteil einer solchen Überzeugung nachgedacht, doch je mehr du an sie glaubst, um so stärker wird sie sich in deiner Welt manifestieren. Laß uns einmal annehmen, daß du durch Statistiken zu der Meinung gekommen bist, daß «zwei von drei Ehen geschieden werden». Dies hast du als deine Wirklichkeit akzeptiert, und so wurde es zu deiner Wahrheit. Damit hast du die Möglichkeit geschaffen, so etwas in deinem eigenen Leben zu erfahren. Darüber hinaus räumst du deiner eigenen Ehe nur eine vierzigprozentige Überlebenschance ein. Welchem Endergebnis vertraust du? Welches erschaffst du als die «wahrscheinlichste Realität»? Scheidung, wir kommen!

Darauf magst du antworten: «So lautet nun einmal die aktuelle Statistik, deshalb ist es wahr!» Die aktuelle Statistik mag solche Ergebnisse durchaus aufweisen. Das heißt jedoch nicht, daß du diese Realität für dein Leben akzeptieren mußt. Sie ist die Schöpfung anderer Menschen, und du mußt sie nicht für dein Leben übernehmen. Jeder kreiert Szenarien für seine Welt. Jeder von uns wählt die Welt, in der er lebt.

Muster werden in der Gesellschaft deshalb als Realität angenommen, weil die Menschen sie akzeptieren. Laß uns einmal betrachten, wie so etwas seinen Anfang nimmt. Ein Paar mag beispielsweise der Ansicht sein, daß seine Beziehung nicht halten wird, und läßt sich aus diesem Grunde scheiden. Von Millionen glücklicher Ehen wird diese eine geschieden. Das Paar berichtet anderen Paaren von seiner Scheidung. Da dies unüblich ist, wird darüber geredet. Die Leute sind neugierig, und es spricht sich herum. Einige, die es hören, entscheiden, daß ihnen oder ihren Freunden etwas Ähnliches passieren könnte. Sie beginnen, diese Möglichkeit anderen gegenüber zu erwähnen. Je mehr Menschen die Nachricht verbreiten, desto bereitwilliger wird sie akzeptiert. Immer öfter werden Paare geschieden. In Illustrierten und Fernsehprogrammen wird über Scheidung berichtet, und immer mehr Menschen stimmen ihr zu. Sie erschaffen diese Möglichkeit jetzt für ihre Welt, bis, siehe da, die Statistik uns eines Tages beweist, daß «zwei von drei Ehen geschieden werden».

Du hast allen Bestandteilen deiner Welt selbst zugestimmt.

Jeder einzelne Aspekt hilft dir dabei, immer höhere Ebenen der Liebe kennenzulernen. Der gesamte Inhalt deines Lebens setzt sich aus zwei Bereichen zusammen: Erstens sind es jene Dinge, die du vor und während deiner Inkarnation arrangiert hast, um dein höchstes Lernziel zu erreichen; zweitens sind es Dinge, die nur deshalb zu deinem Leben gehören, weil du akzeptiert hast, daß sie möglich sind. Sie bieten dir Lektionen, die dich lehren, daß du etwas nur deshalb anziehst, weil du an seine Realität glaubst. Du kannst dich entscheiden, ob du weiter daran glauben willst oder ob du es ungeschehen machst und auflöst. Man kann aus allen Erfahrungen lernen.

Wenn du dir vornimmst, eine Liste all deiner Glaubensmuster anzulegen, wirst du möglicherweise erstaunt sein, wie viele dein Leben prägen. Versuche übungshalber, deine Gedanken, Meinungen, Gefühle, Überlegungen und Urteile über das Thema «Wetter» niederzuschreiben, und verwende dabei Begriffe wie Kälte, Hitze, Regen, Schnee und so weiter. Wenn wir uns das Thema «Beziehungen» vornehmen würden, schrieben wir wahrscheinlich eine ganze Weile. Es gibt Tausende von verschiedenen Standpunkten, die wir einnehmen können, um unser Leben zu betrachten, und alle enthalten sie Glaubensmuster. Sie offenbaren sich in deinen Gedanken und deiner Rede. Am schnellsten befreist du dich von ungewollten Überzeugungen, wenn du im «Jetzt» bleibst und dich entscheidest, alles loszulassen, was du nicht länger zu erschaffen wünschst.

Es gehörte zu unserem irdischen Lernprozeß, daß wir vergaßen, unsere Wirklichkeit selbst geschaffen zu haben. Um in der dritten Dimension, in unserer Welt, überhaupt lernen zu können, mußtest du vergessen, daß du der Schöpfer der Wirklichkeit bist. Dies ist tatsächlich ein wichtiger Bestandteil des Lernprozesses, denn in dem Augenblick, wo du erkennst, daß du etwas selbst erschaffst, löst es sich auf. Wenn du etwas als Schöpfer der Realität in vollkommener Wahrheit betrachtest und weißt, daß du es erschaffen hast, hört es auf zu existieren. Sobald du eine Wahrheit siehst, verdoppelt sich diese exakt in

Raum und Zeit und hört auf, erschaffen zu werden. Um also in der festen Dimension der Erde lernen zu können, mußtest du dich selbst belügen und erklären: «Ich habe dies alles nicht erschaffen!» So erhieltest du die Möglichkeit, eine Situation so lange zu durchleben, bis du ihre Lektion begriffen hattest. Wenn du sagst: «Ich habe dies geschaffen» und wenn du weißt, daß dies die Wahrheit ist, verschwindet die Situation. Da uns jedoch die Entwicklung weise macht und erkennen läßt, daß wir unsere eigene Wirklichkeit erschaffen, sind wir schließlich in der Lage, das Lernen in dieser Welt hinter uns zu lassen.

Wir haben die Tendenz, viel von dem, was wir lesen oder hören, zu glauben. Wenn du erkennst, daß du die Welt, in der du lebst, selbst erschaffst, übernimmst du immer mehr Verantwortung für die Dinge, die du glauben willst. Du begreifst, daß die Welt zum großen Teil in unzähligen Glaubensmustern gefangen ist, und vielleicht findest du auch in deinem eigenen Leben starre Gedankensysteme. Du beginnst, die festgefügten Strukturen, mit deren Hilfe du dein Leben gestaltet hast, aufzuweichen. Dadurch kannst du dich freier entscheiden, ob du Gedanken, die du hörst oder liest, glaubst oder ablehnst. Du akzeptierst für dich nur noch die höchste Wahrheit. Vielleicht entscheidest du dich, dein Leben nur noch vom Standpunkt des Schöpfers der Realität zu betrachten. Statt allem, was du liest, sofort Glauben zu schenken und es stets für bare Münze zu halten, würdest du dich fragen: «Ist diese Wirklichkeit die höchste Wahrheit für alle Betroffenen? – Ist dies eine Wirklichkeit, die ich unterstützen und der ich meine Kraft und Energie zur Verfügung stellen würde?» Vielleicht spürst du, daß es eine andere Realität gibt, die für das Wohl der betroffenen Menschen besser geeignet wäre. Wenn du unsicher bist, ob es wirklich die höchste Weisheit ist, die dir deine eigene innere Führung als Realität offenbart, dann bitte einfach darum, daß sich die höchste göttliche Ordnung ganz natürlich manifestiert. Lasse dann einfach los und gib ihr Raum. Dies nennt man oft: «Loslassen und Gott lassen». Dadurch verfügst du, daß deine

Kraft und deine Energie für die Reinheit des höchsten göttlichen Lichts, für Gott, Alles-was-ist, eingesetzt werden.

Je weiser du wirst, um so mehr Verantwortung übernimmst du für die Manifestationen deiner Welt. Wenn diese Wahrheit immer mehr zu einem Seinszustand wird und du dich ihrer nicht stets aufs neue erinnern mußt, wirst du dich wieder mit der Schöpferkraft des Universums vereinen und die letzten Lernschritte in einer dreidimensionalen Welt bewältigen. Diese führen dich zum Aufstieg aus dieser Existenzebene auf die höheren Ebenen der Schönheit, des Friedens und der Harmonie.

Wenn du leugnest, daß du deine eigene Realität erzeugst, leugnest du eine universelle Wahrheit. Nur die Erkenntnis der Wahrheit ermöglicht, daß sich etwas auflöst. Wenn wir keine Verantwortung für unsere Schöpfungen übernehmen, verstärken wir die Situation durch eine Lüge, was bewirkt, daß die damit verbundenen Gedanken und Gefühle bestehen bleiben. Die Energie kann sich nicht auflösen, weil sie nicht in ihrer ganzen Wahrheit betrachtet wird.

Ein allgemeines Beispiel dafür ist der traumatische Bruch einer Beziehung, bei dem einem Partner anscheinend «Unrecht» getan wurde. Nehmen wir an, daß die Frau mit dem besten Freund durchgebrannt ist. Bei einem solchen Szenario wimmelt es meist von Urteilen nicht nur über die untreue Partnerin, sondern auch über den besten Freund. Die Möglichkeit, daß diese Situation von der Person geschaffen worden sein könnte, die «verlassen» wurde, wird natürlich abgestritten. Der Verlassene wird als armes Opfer betrachtet, das die Lage offensichtlich in keiner Weise beeinflussen konnte. Hiermit leugnen wir nicht nur die Tatsache, daß wir alles in unserem Leben anziehen und erschaffen, um unsere übergeordneten Lernziele zu erreichen, sondern wir leugnen auch die Macht und Fähigkeit des Verlassenen als spirituelles Wesen, da wir darüber hinaus beschlossen haben, daß dieser Mensch ein «armer Kerl» ist, der sein Leben nicht in der Hand hat. In diesem Falle kann sich die

Situation nicht auflösen, da sie nicht im Bewußtsein der Wahrheit betrachtet wird. Manchmal hören wir, daß solch ein verlassener Partner jahrelang leidet, was uns klar vor Augen führt, daß er sich fortlaufend weigert, die Verantwortung für seine Schöpfung zu übernehmen. Vielleicht hören wir, daß er «schließlich darüber hinwegkommt», was meist bedeutet, daß er es geschafft hat, die Angelegenheit so tief zu verdrängen, daß sie ihm nicht mehr weh tut. Wenn wir die Verantwortung für die Dinge, die in unserer Welt geschehen, leugnen, erschaffen wir um uns herum feste, dichte Energiestrukturen. Diese hindern uns daran, die Leichtigkeit, das Glück, die Freude und den Spaß zu leben, die natürliche Bestandteile der göttlichen Ordnung allen Lebens sind.

Vielleicht gibt es eine schmerzhafte oder traurige Situation in deinem vergangenen oder gegenwärtigen Leben, von der du glaubst, daß sie von einem anderen als dir selbst verursacht wurde. Wenn du herausfinden möchtest, ob es wirklich stimmt, daß du «deine eigene Realität erschaffst», warum beginnst du nicht jetzt damit, indem du dir sagst: «Ich habe das erschaffen! Ich übernehme die volle Verantwortung dafür, daß ich es in meinem Leben angezogen habe, damit ich lerne, stärker und liebevoller zu werden.» Vielleicht fällt es dir schwer, damit zu beginnen, da wir manchmal dazu neigen, anderen die Schuld zuzuweisen. Wir wollen, daß sie sich schuldig fühlen und für das, was sie uns «angetan» haben, leiden. Laß dir kein Hintertürchen offen, das dir gestattet, «die anderen» in irgendeiner Weise zu beschuldigen. Du hast es, ungeachtet der Einzelheiten, selbst getan; die ganze Episode ist von dir geschaffen worden und hat sich in deiner Welt manifestiert. Wenn du willst, kannst du sie dir anschauen und sehen, was du bereits gelernt hast oder ob es noch etwas aus dieser Erfahrung zu lernen gibt. Du wirst erkennen, daß bedingungslose Liebe das Ziel allen Lernens ist.

Wenn du die Wahrheit deiner Schöpfung standhaft akzeptierst, wird sich die Situation verändern. Die Energie beginnt sich aufzulösen, und du wirst dich viel besser damit fühlen. Wenn du die Tatsache vollständig akzeptierst, daß du die Situation selbst geschaffen hast, wirst du großartige Erkenntnisse sammeln und Begeisterung und Freude fühlen.

Sobald du die Verantwortung für die Schöpfung aller Umstände deines Lebens übernommen hast, trägt dich der göttliche universelle Fluß vollkommenen Glücks und Überflusses, großer Freude und bedingungsloser Liebe für alles Leben. Er wird dich an einen Ort des Friedens und der Zufriedenheit tief in deinem Innern führen. Er bringt dich nach Hause.

Jetzt, da sich die Erde dem neuen Jahrtausend des Friedens und der Harmonie nähert, ist es Zeit für alle, sich als Kinder Gottes und als Schöpfer ihrer Realität anzunehmen, um dabei zu helfen, eine Welt der Liebe zu erschaffen.

6
Die Meister und die Strahlen

Diesem Universum dienen viele Legionen verkörperter und nichtverkörperter Lichtwesen. Obwohl es in Wahrheit keinen speziellen Ort gibt, wo sich der Geist «aufhält», schreibt man den Lichtwesen einen «Aufenthaltsort» zu, um das Verstehen zu erleichtern. Diese Wesen, die im Dienste des Lichts arbeiten, existieren gleichzeitig in allen Dimensionen, um überall im Universum Projekte zu unterstützen.

Die Große Weiße Bruderschaft setzt sich aus Wesen verschiedener höherer Sphären zusammen. Viele Mitglieder dieser Bruderschaft und Gruppen wie etwa die Galaktische Konföderation, die Raumbruderschaft und andere interplanetarische Missionare unterstützen den irdischen Plan.

Zahlreiche verkörperte Mitglieder der Kräfte des Lichts erinnern sich wieder an ihre Verbindungen mit Wesenheiten wie den sogenannten Aufgestiegenen Meistern, den kosmischen Wesen, Erzengeln, Herrschaften und Elohim und an die Übereinkünfte, die sie als inkarniertes Missionsteam mit diesen Wesen getroffen haben. Wir haben den Begriff «Hierarchie» übernommen, um jene Wesenheiten zu bezeichnen, die sich in den Dimensionen sieben bis zwölf aufhalten. Diejenigen, die wir «Aufgestiegene Meister» nennen, befinden sich in den höheren Bereichen der siebten Dimension. Sie sind außerordentlich zahlreich, doch manche haben seit den dreißiger Jahren eine große Menge Informationen durchgegeben und sind deshalb bekannter wie etwa *St. Germain,* der Cohan des violetten siebten Strahls der Freiheit, und *Kuthumi,* dessen Name aus seiner niederländischen Inkarnation stammt, in der er Koot Hoomi hieß. Kuthumi war auch Franz von Assisi und Pythagoras. Er ist der gegenwärtige Wächter des gelben dritten Strahls der Weisheit und teilt sich bis zum neuen Jahrtausend die Rolle des Weltenlehrers mit Jesus.

St. Germain wird die nächsten zweitausend Jahre auf der Erde überwachen, das Wassermannzeitalter. Ab Ende dieses Jahrhunderts wird er die Verantwortung in vollem Ausmaß tragen und diese Rolle von einer Wesenheit übernehmen, die wir Jesus Christus nennen (seine berühmteste Inkarnation) und die für die zweitausend Jahre des Fischezeitalters verantwortlich war.

Andere bekannte Aufgestiegene Meister sind El Morya, Hilarion, Serapis Bey, Dwal Kuhl, Lady Portia, die Zwillingsflamme von St. Germain, Paul der Venezianer und Mutter Maria. Obwohl sie ihrer Natur nach als androgyne Energien wirken, nehmen sie in der Kommunikation mit uns oft männliche oder weibliche Identität an, um die Wirklichkeit der niederen Ebenen zu fördern. Kosmische Wesen der achten und neunten Dimension und noch höherer Ebenen wie Buddha, Pallas Athene, Lord Maitreya, Maha Cohan, der auch der Herr der Zivilisation genannt wird, Kwan Yin und Lao Tse, Helios und Vesta, die Sonne, Melchisedek, Metranon und Sanat sowie Venus Kumara gehören zu den Tausenden, die der Erde in dieser Zeit beistehen. Die eigene Schwingungsrate ist ausschlaggebend für die Dimension, die man erreichen kann.

Eine Gruppe, die Elohim genannt wird, stammt von sehr hohen Ebenen und kommuniziert nur selten direkt mit der Erde. Verschiedene kosmische Wesenheiten helfen dabei, ihre Führung nach unten weiterzugeben. Es ist wichtig zu wissen, daß Wesen aus niedrigeren Dimensionen behaupten können, diese Meister zu sein. Maßnahmen zur Sicherstellung der korrekten Identität werden in Kapitel 10 vermittelt.

Viele Erzengel sind ebenfalls beteiligt, darunter die besser bekannten wie Gabriel, Uriel, Raphael und Michael, der den göttlichen Willen repräsentiert und das Schwert des Friedens, des Schutzes und der Gerechtigkeit über die Erde hält.

An der Spitze der Engelorden stehen die *Seraphim,* die Engel der höchsten Dimensionen, die den Thron Gottes umgeben. Die *Cherubim* sind die Wächter und Übermittler des göttlichen Lichts aus den Himmelssphären, und sie beaufsichtigen die himmlische Chronik. Die *Throne* sind die Begleitengel der Planeten. Die *Herrschaften* dienen bei der Integration der spirituellen und materiellen Welten und regeln die Aufgabenbereiche der Engel. Es folgen die *Tugenden,* die verantwortlich dafür sind, daß große Mengen göttlicher Energie an jene Orte gesandt werden, wo man sie braucht. Die *Mächte* sind die Träger des menschlichen Bewußtseins und helfen bei Geburt und Tod. *Engelfürsten* sind die Schutzengel großer Gruppen; sie sorgen dafür, daß die vereinte globale Ordnung integriert wird. *Erzengel* tragen die Verantwortung für das übergeordnete Muster des menschlichen Sterbens. Mit den *Engeln* arbeiten die meisten Menschen zusammen, da diese den menschlichen Angelegenheiten am nächsten stehen. Sie sind unsere Heiler, Wächter, Beschützer und Freunde, und jeder Mensch auf der Erde hat mindestens einen Engel, der für ihn verantwortlich ist und für ihn sorgt.

Einige Lichtarbeiter fühlen sich besonders von bestimmten Sphären oder Planeten angezogen. Der Grund dafür ist, daß wir alle aus verschiedenen Gebieten stammen und uns Gruppen anschließen, die uns vertraut sind. Das Interesse einiger Menschen mag sich darauf richten, daß es ETs oder Außerirdische gibt. Vielleicht fühlst du dich äußerst fremd auf der Erde und spürst, daß du mit Sicherheit nicht hierhergehörst. Das kann bedeuten, daß du erst vor kurzer Zeit von einem anderen Planeten oder aus einer anderen vielleicht noch ganz unbekannten Zivilisation gekommen bist, oder du könntest ein «außerirdischer Walk-in» sein. Darunter versteht man ein Wesen, das mit einem zweiten Wesen, welches gewöhnlich vom gleichen Planeten stammt, vor dessen Verkörperung die Vereinbarung getroffen hat, zu einem gewissen Zeitpunkt dessen erwachsenen Körper zu übernehmen (englisch: to walk in). Der ursprüngliche Bewohner kehrt nach Hause zurück. Häufig ist das Wesen, das den Körper übernimmt, höher entwickelt und hat, weil es an einem anderen Ort beschäftigt war, keine Zeit (oder keine Lust), die Wachstumsschritte vom Säuglingsstadium an zu durchlaufen. Auf diese Weise befolgen solche Wesenheiten das Gesetz der Nichteinmischung, das besagt, man müsse ein Bewohner der Erde sein, um dabei helfen zu dürfen, ihre Entwicklung zu fördern. Den meisten ist bewußt, daß sie «Walk-ins» sind und ganz bestimmte Missionen erfüllen müssen. Häufig haben sie sich bereit erklärt, bei der Erweckung und Reinigung ihrer eigenen planetarischen, außerirdischen Gruppe zu helfen, damit deren Angehörige ebenfalls ihre einzigartigen Missionen vollenden können. Diese «Walk-ins» befinden sich überall auf der Erde, und die Mehrheit arbeitet für das Licht. Man kann sie häufig leicht erkennen, da viele von ihnen die irdischen Verhaltensmuster weder verstehen noch sich ihnen anpassen, recht einsam sind und sich fremdartig benehmen. Zuweilen besuchen Lichtarbeiter Seminare, die für ETs gedacht sind, und fühlen sich dort ziemlich unbehaglich, weil die Wirklichkeit, die Wahrheit und die Sitten der ETs zuweilen mit «akzeptierten» irdischen Verhaltensmustern kollidieren. Sie fühlen keine Veranlassung, sich an deine rigiden Wirklichkeiten anzupassen. Nicht alle ETs sind «Walk-ins», und nicht alle «Walk-ins» sind ETs.

«Walk-ins» waren immer Bestandteil der dreidimensionalen Lebensform. Das universelle Gesetz erlaubte zu jeder Zeit, jemanden, der den Planeten verlassen wollte, ohne Selbstmord zu begehen, auf diesen Wunsch anzusprechen und zu fragen, ob er sich wirklich sicher sei. Man wiederholte diese Frage über einen bestimmten Zeitraum, gewöhnlich während des Schlafs, der Zeit der geistigen Verbindungen. Wenn es absolut sicher war, daß dies seinem Willen entsprach, fand der Austausch unter der strengen Kontrolle mehrerer Wächter oder Aufseher statt. Ein Vertrag wurde geschlossen, bei dem sich das Wesen, das den Körper übernahm, jedesmal verpflichten mußte, die Vereinbarungen des Wesens, das den Planeten verlassen wollte, zu übernehmen und seine unerledigten Aufgaben zu Ende zu führen. Dies trifft nicht für «außerirdische Walk-ins» zu, da deren Vereinbarungen vor der Verkörperung getroffen werden und deshalb anderer Natur sind. Unter normalen Umständen entscheidet sich das Wesen, die existierende Identität zu übernehmen, ohne sich bewußt an die Transaktion zu erinnern. Sie sucht sich einige Verhaltensmuster der austretenden Person aus, die sie im weiteren Leben übernimmt, so daß keine zu offensichtlichen Unterschiede im Ausdruck der Persönlichkeit zu registrieren sind. Dies wird gewöhnlich von niemandem bemerkt, obwohl es tatsächlich ziemlich häufig geschieht. Meist gehen die Menschen mit Bemerkungen wie «Er hat sich in der letzten Zeit verändert» darüber hinweg. Da Menschen mit solchen Dingen nicht rechnen, nehmen sie sie auch nicht wahr.

Einige Lichtarbeiter fühlen sich mit der Raumflotte verbunden, die diese Galaxis überwacht. In diesem Falle kann es sein, daß sie vor ihrer irdischen Verkörperung Besatzungsmitglieder waren. Diese Raumschiffe gehören zur galaktischen Konföderation und werden gewöhnlich von Wesenheiten aus der fünften und sechsten Dimension befehligt. Es sind keine Aufgestiegenen Meister. Die bekanntesten Kommandanten sind Asthar, Korton, Monka, Athena und Merku. Meist sind diese Schiffe riesengroß und ganz anders als die älteren Schiffe der kleineren Flotten, die normalerweise in unseren Fernsehsendungen gezeigt werden. Die Mutterschiffe gleichen kleinen Welten. Das große Raumschiff aus dem Film *Begegnungen der dritten Art* kommt der wahren Größe etwas näher.

Vielleicht stammst du aus dem Königreich der Engel. Obwohl Engel normalerweise keine menschliche Form annehmen, haben sich viele aufgrund des besonderen planetarischen Ereignisses hier inkarniert. Einige Menschen stehen den Engelreichen und den Erzengeln nahe, andere fühlen sich mehr mit den Aufgestiegenen Meistern verbunden. Bestimmte Leute spüren eine besondere Verbundenheit zu einem bestimmten

Aufgestiegenen Meister oder einem Erzengel oder fühlen vielleicht, daß sie dieser Meister oder seine Zwillingsflamme sind. Dies kann folgende Gründe haben.

1. Vielleicht folgst du einem Entwicklungsweg, der unter der Führung dieser Wesenheit steht und dessen Ausbildung von ihr überwacht wird.
2. Vielleicht hast du dich unter Verwendung der speziellen Energien des Strahls inkarniert, für den der Meister verantwortlich ist.
3. Das Gefühl der Nähe kann daher stammen, daß du in derselben Zeit wie der Meister inkarniert warst und mit ihm zusammengearbeitet hast. Viele Meister verbrachten vor ihrem Aufstieg einige Leben auf diesem Planeten.
4. Vielleicht hast du bei anderen planetarischen Missionen mit diesem Meister zusammengearbeitet. Du bist möglicherweise ein «Systemknacker» und hast bereits viele planetarische Missionen beendet.
5. Du kannst ein Aspekt dieses Meisters sein.
6. Du kannst eine bestimmte Vereinbarung mit diesem Meister getroffen haben.
7. Ihr seid Freunde.
8. Du empfindest große Liebe für diese Wesenheit.

Die Strahlen

Die Strahlen sind spezielle Energien, die diesem Universum dienen. Jeder Strahl umfaßt eine bestimmte Schwingungsbandbreite, die sich in besonderen Tönen und den Farben des Regenbogens offenbart. Alle enthalten bestimmte Eigenschaften und Aspekte Gottes. Bis vor kurzem standen uns sieben Strahlen zur Verfügung; sieben Aufgestiegene Meister und Erzengel sind die Wächter oder Cohans dieser Strahlen. Vor ein paar Jahren begannen einige der Aufgestiegenen Meister, die diese Strahlen eine ganze Zeitlang innegehabt hatten, neue Rollen zu übernehmen, und andere Meister ersetzten sie. Jetzt reichen fünf weitere Strahlen, die wir uns im neuen Zeitalter einverleiben und nutzen können, bis zur Erde.

Wir inkarnieren uns, indem wir einen bestimmten Strahl verwenden, und diesen speziellen Aspekt Gottes spiegeln wir anderen Menschen. Die meisten Lichtarbeiter nutzen die Energien der Strahlen außerdem für ihre persönliche Entwicklung. Wenn du beispielsweise auf dem fünften Strahl der Wahrheit zur Erde kamst, dann bist du ein hartnäckiger Verfechter der Wahrheit und verlangst diese Eigenschaft von dir und deinen Mitmenschen. Je mehr du dich mit deiner ICH-BIN-Gegenwart verbindest und die Energien dieses Strahls verkörperst, um so mehr bemühst du dich um eine möglichst genaue, wahrheitsgetreue Wortwahl. Denn Menschen vom Wahrheitsstrahl kennen die Macht der Worte und wissen, daß sich nur etwas, das präzise beschrieben wird, in Zeit und Raum vollkommen verdoppeln kann, wodurch eine Reinigung stattfindet und ungewollte Energien und Umstände aufgelöst werden. Wenn die Wortwahl nur geringfügig abweicht, kommt die reine Wahrheit nicht zum Ausdruck und die Energie kann sich nicht auflösen. Wenn wir also keine Verantwortung für die Ereignisse in unserem Leben übernehmen, neigen wir dazu, so lange an den damit verbundenen Gedanken und Energien festzuhalten, bis wir die Wahrheit so sehen, wie sie wirklich ist. Dies halten wir mehrere Inkarnationen lang durch. Wenn wir jemanden für etwas beschuldigen, das wir selbst geschaffen haben, entspricht das nicht der höchsten Wahrheit und kann sich aus diesem Grunde nicht auflösen. Übernehmen wir statt dessen Verantwortung und sagen: «Ich habe es selbst geschaffen!», beginnt sich die Situation im selben Augenblick aufzulösen.

Wollen wir eine bestimmte Aufgabe bearbeiten, können wir uns auf die spezielle Energie einstimmen, die uns dabei zu helfen vermag. Wenn du beispielsweise an der Öffnung deines Herzchakras arbeiten willst, kannst du die Energie des rosafarbenen Strahls der Liebe anziehen.

	Die Strahlen	*Farbe*	*Früherer Cohan*	*Gegenwärtiger Cohan*
1	Wille	blau	El Morya	El Morya
2	Weisheit	gelb	Kuthumi	Lord Lanto
3	Liebe	rosa	Lady Nada	Paul der Venezianer
4	Reinheit	weiß	Serapis Bey	Serapis Bey
5	Wahrheit	grün	Hilarion	Hilarion
6	Hingabe	rot	Jesus	Lady Nada
7	Freiheit	violett	St. Germain	St. Germain

Jeder Missionar hat sich auf wenigstens einem der Strahlen inkarniert. Das bedeutet, daß er diesen Aspekt Gottes tief in seinem Herzen trägt und Aufgaben und Ziele verfolgt, die ihm entsprechen. Da diese Energie das aurische Feld bestimmt, werden deine Worte und Taten die jeweilige Eigenschaft Gottes widerspiegeln, die dieser Strahl verkörpert. Es ist möglich, daß du alle sieben Strahlen in dir trägst, doch das geschieht äußerst selten. Wenn du die unterschiedlichen Aspekte der Strahlen untersuchst, wirst du erkennen, welche in deinem Leben vorherrschen.

Es gibt fünf neue Strahlen, welche die Erde durchdringen – jeder ausgestattet mit seiner eigenen einzigartigen Qualität. Die Menschen beginnen gegenwärtig, einige dieser neu einströmenden Eigenschaften in ihrem Leben zu verwirklichen. Die neuen Strahlen unterstützen den Planeten hauptsächlich beim Übergang in die neue Dimension und werden von jenen genutzt, die ihre Entwicklung in der fünften Dimension fortsetzen. Manche Menschen haben während des Schlafs gesehen, wie diese neuen Farben zur Erde strömen. Es kann frustrierend sein, wenn wir erkennen, daß diese herrlich lebendigen Farben, die wir während des Schlafes sehen, nicht mit dem Wachbewußtsein wahrgenommen oder geschaffen werden können.

	Die fünf neuen Strahlen	Farbe
8	Klarheit	aquamarin
9	Harmonie und Gleichgewicht	magenta
10	ewiger Friede	gold
11	göttlicher Sinn und Freude	pfirsich
12	Transformation	opalisierend, schillernd

Die Meister, die über den Wächtern der zwölf Strahlen stehen, sind in aufsteigender Reihenfolge Maha Cohan, Maitreya und Buddha. Darüber finden wir Sanat Kumara, den Alten der Tage und planetarischen Logos der Erde. Sanat Kumara verbindet Himmel (Shamballa) und Erde, indem er den Zustand des menschlichen Bewußtseins dem Geiste Gottes spiegelt.

Die Energie verändert sich

In dieser Zeit strömen gewaltige Energien zur Erde, um den Übergang zu ermöglichen. Darüber hinaus bewilligt die Hierarchie, die diese Operation überwacht, die verstärkte Zuteilung besonderer Energien, um sowohl der Erde wie jedem einzelnen Menschen bei der Reinigung und dem Ausgleich der Kräfte zu helfen. Über diese energetischen Veränderungen werden die Kräfte des Lichts meist über das Bewußtsein informiert, oder bestimmte Botschafter erklären sich bereit, die Nachricht zu verbreiten. Oft wird ein bestimmter Tag oder ein Zeitraum von wenigen Tagen ausgewählt, wo die Menschen sich auf die Energie besinnen oder meditieren. Indem wir uns physisch oder geistig vereinen und auf ein bestimmtes Thema konzentrieren, unterstützen wir das gesamte Projekt außerordentlich.

Die wirklichen Veränderungen des neuen Zeitalters begannen in den sechziger Jahren, als die Menschen begannen, nach einem neuen Bewußtsein zu streben. Ihre Suche nach Frieden und Liebe verursachte einen gewaltigen Bewußtseinswandel, der letztlich zur Hippiebewegung, zu Flower-power und dem Experimentieren mit psychedelischen Drogen führte. Das bewirkte bei allen Menschen eine große Bereitschaft, die Traditionen der Vergangenheit loszulassen.

1987 stellte ein Bote aus Südamerika, José Arguelles, der Welt einen besonderen Energietag vor, den man «Harmonische Konvergenz» nannte. Viele hunderttausend Menschen versammelten sich auf der ganzen Welt, um sich auf den Frieden zu konzentrieren, und ein großer Bewußtseinswandel fand statt.

Eine andere wichtige energetische Veränderung trat am 11. Januar 1992 ein. Im Jahre 1991 leistete eine Botin aus den USA namens Solara hervorragende Arbeit, indem sie um die Welt reiste und Lichtarbeiter erweckte. Sie unterrichtete die Mitglieder der Kräfte des Lichts davon, daß sie am 11. Januar um elf Uhr vormittags und um elf Uhr nachts zusammenkommen und bestimmte Bewegungen ausführen sollten, um ein größeres interdimensionales Tor zu öffnen. An diesem Tag, der als Etappe der Reise zum Aufstieg vor langer Zeit festgesetzt worden war und *11:11* genannt wurde, bedurfte es einer bestimmten kritischen Menge von Lichtarbeitern (Fürsprecher des Planeten), die «ja» zu dem Planeten sagten. Viele Menschen wurden aufgerufen, zu den energetischen Schlüsselorten Ägypten und Neuseeland zu reisen, und es wurden Gruppen auf der ganzen Welt gebeten, sich zusätzlich dazu an ihren Heimatorten zusammenzufinden. Es wird geschätzt, daß sich ungefähr 4.500 Gruppierungen an diesem Tag versammelten, und das Tor wurde geöffnet.

Vielen Menschen, die an diesen Versammlungen teilgenommen haben, waren die Zahlen 11:11 schon vor langer Zeit in ihre ätherische Blaupause eingeprägt worden. Dadurch erinnerten sie sich, daß die Botschaft für sie bestimmt war und daß sie aufgefordert wurden zu helfen. Zahlreichen Lichtarbeitern präsentierten sich die Ziffern immer wieder auf verschiedenste Weise, etwa daß die digitale Zeitanzeige immer dann, wenn sie auf die Armbanduhr schauten, als Uhrzeit 11:11 anzeigte. Es ist interessant, daß auf beiden Seiten der Eingangspforte jener ägyptischen Pyramide, wo die Aktivierung vor allem stattfinden sollte, die Zahlen 11:11 eingemeißelt sind. Wenn ein Lichtarbeiter, der eigentlich helfen sollte, zu diesem Zeitpunkt noch nicht erwacht war oder die Zeichen nicht erkannt hatte, trat ein anderer an seine Stelle. Einige Menschen, deren Einsatz unbedingt erforderlich war, um die gebotene Anzahl zu erreichen, wurden am 11. Januar wenige Minuten vor 11 Uhr morgens zu diesem Einsatz «abkommandiert». Die Konzentration auf 11:11 wird aufrechterhalten, da sich noch weitere Tore öffnen, und viele begegnen diesem Zeichen auch heute noch immer wieder.

Zwischen 1992 und 1994 konnte man viele weitere Energieschübe registrieren. 1993 gab es vier Hauptschübe, die der Liebe, der Macht, der Weisheit und der Freiheit galten, jeweils einen für jedes Quartal des Jahres.

Eine weitere energetische Veränderung trat ein, als sich eine Million Lichtarbeiter auf der ganzen Welt in achtundfünfzig Ländern versammelte, um am 21. August 1994 um 12 Uhr Greenwicher Zeit acht Minuten lang gemeinsam den heiligen universellen Klang OM (Aum) zu singen. Das Datum für dieses Ereignis war von den Aufgestiegenen Sphären gewählt worden, um den zweitausendsten Geburtstag Jesu Christi zu begehen, der in Wirklichkeit am 21. August des Jahres 7 vor unserer Zeitrechnung geboren wurde. Tausende versammelten sich am Hauptkonzentrationspunkt dieser Energie im Wembleystadion von London in Großbritannien. Das Singen des OM wurde von achtzig weißgekleideten Schwestern und Brüdern der spirituellen Weltuniversität *Brahma Kumaris* geleitet. Man sagt, daß das «OM» die Stimme Gottes ist, die das gesamte Universum im Gleichgewicht hält. Für die Hindus symbolisiert das «OM» Gott, und in vielen Religionen, einschließlich des Buddhismus, gilt es als heilig. Laut Plan sollte ein Wirbel geschaffen werden, mächtig genug, um das Energiegitter der Erde zu erreichen. Wembley wurde deshalb gewählt, weil dort bereits ein Teilwirbel existierte, der von den verschiedensten Lichtarbeitern bei Konzerten und bei anderen Veranstaltungen geschaffen worden war. Die Energielinien halfen dabei, den Klang des OM um die Erde zu leiten und alle unausgeglichenen Energien wieder in ein harmonisches Gleichgewicht zu bringen. Bei diesem Ereignis schlossen sich Gruppen an vielen strategischen Punkten auf der ganzen Erde zusammen, um sicherzustellen, daß der Klang vom Wirbel in Wembley aus bis an die äußersten Grenzen des Planeten getragen wurde. Etwas Unglaubliches geschah, als Mutter Erde die Kontrolle über die Energien, die um die Welt gingen, übernahm und das OM fünfzehn Minuten lang fortsetzte. Dies ereignete sich auch an vielen anderen Orten der Welt. Dadurch, daß die Menschen das OM diese weitere Viertelstunde lang gesungen hatten, beschleunigte es seine Schwingung, und die Erde gelangte in einen neuen Raum höherer Frequenz. Dies ließ den Tag weitere fünfundvierzig Minuten kürzer werden. Vielleicht spürst du, daß wir die höhere Frequenz des HU erreicht haben, welches wir als den universellen Klang des «Einatmens» kennen, der Bewegung zurück zu Gott.

Die achtstündige Veranstaltung in Wembley veränderte das Leben der Anwesenden, die während des Konzerts, der Meditation und des unglaublich machtvollen OMs Liebe, Freude, Einheit und Heilung erfuhren. Drei Tage später, am 24. August 1994, zog der Friede in Irland ein, als die IRA bekanntgab, auf Gewalt verzichten zu wollen – vielleicht unterstützt von diesem Ereignis, das auch in Dublin und in anderen Teilen Irlands gefeiert wurde. Es hat zwar seither bei diesem Friedensprozeß (und bei anderen) kleinere Probleme gegeben, doch du weißt ja, daß es zu diesen Ereignissen immer ein übergeordnetes Bild gibt. Es ist notwendig, daß die Menschen, die in solchen Krisengebieten leben, den Frieden selber fordern.

Es sind bereits viele Termine vereinbart, die die Menschen unterstützen sollen, sich auf den Frieden in der Welt zu konzentrieren. Verschiedene Gruppen und auch einzelne Menschen empfangen unterschiedliche Eingaben, wie diese Energien an die übrigen Mitglieder der Kräfte des Lichts weitergegeben werden können. Es gibt die Friedensuhr, die Minute für den Frieden, Friedensmeditationen für das Einundzwanzigste Jahrhundert, die Stille Minute, die Liebe für die ganze Welt am Valentinstag, den Augenblick für das Gebet, das Wesak-Fest, Vollmond-Meditationen und viele andere wunderbare Initiativen, die sich um bestimmte Themen kümmern, etwa die ausgezeichneten Veröffentlichungen der «Global Peace Foundation» in Kalifornien von Da Vid und die Meeresmeditation, die von David Adams in Australien begonnen wurde. Die Meeresmeditation wurde 1992 von dem Aufgestiegenen Meister St. Germain übermittelt, der alle Menschen auf der ganzen Welt bittet, jedes Jahr zur Tagundnachtgleiche im Herbst und im Frühling um 8.00 Uhr Ortszeit zusammenzukommen und in alle Ozeane und Meere der Welt Licht zu senden. Diese Meditation zur angegebenen Zeit bewirkt, daß sich eine kraftvolle Welle der Einheit, der Heilung und der Liebe bildet, die in vierundzwanzig Stunden den gesamten Planeten umrundet.

Die Energie, die gegenwärtig zur Verfügung steht, ist gewaltig und erreicht diesen Planeten mit ungefähr elf Wellen pro Sekunde. Man kann diese Kraft mit der Kraft einer Meereswoge vergleichen, die etwa alle dreißig Sekunden an die Küste anbrandet. Die höchste Energieebene wird mit vierzehn Wellen pro Sekunde auf der Höhe des Dimensionswechsels erreicht werden.

Die Reinigung und die Kraft des Lichts auf der Erde haben bewirkt, daß atomare Kriege, große Überschwemmungen, verwüstende Erdbeben oder eine Achsenneigung, die einen Polsprung auslösen würde, nicht mehr möglich sind.

Dies haben die inkarnierten Mitglieder der Kräfte des Lichts durch ihre außerordentliche Arbeit in großen und kleinen Gruppen erreicht, indem sie meditierten und sich auf das Licht konzentrierten, an vielen Orten der Erde Energiearbeit leisteten, in großem Rahmen mit Klängen, Farben und Kristallen arbeiteten, die verwandelnde Kraft der violetten Flamme nutzten und indem sie positiv dachten und durch die Erfüllung all ihrer Missionsaufgaben heilend wirkten. Unterstützt von der göttlichen Gabe besonderer Energien und der Hilfe der Engel und der aufgestiegenen Sphären des Lichts, geschah eine umfassende Reinigung.

Allein dadurch, daß die inkarnierten Mitglieder der Kräfte des Lichts ihre Zeit der Meditation widmeten, umspannt die Erde ein riesiger (im November 1996) 172 Kilometer breiter Wall aus Licht. Dieser verhindert, daß negative irdische Energien in die Galaxis strömen, ohne jedoch das Eindringen höherer Lichtfrequenzen zu verhindern. Die dichteren Energien der Erde werden innerhalb ihrer Struktur vollständig umgewandelt, und die Erde erstrahlt jetzt in einem wunderschönen violetten Ton.

Mutter Erde – das heißt, jenes Wesen, dessen Körper die Erde ist – hatte ursprünglich um Hilfe gebeten. Vor langer Zeit bat sie den Höchsten in der Höhe, dabei zu helfen, das Ungleichgewicht der negativen Energien auf der Erde aufzulösen, damit sie und all ihre Lebensformen die Entwicklung fortsetzen und in die höhere Frequenz der fünften Dimension aufsteigen können.

Ihre ursprünglichen Alternativen, sich von diesen negativen Energien zu reinigen, waren:

1. Sie konnte sich dafür entscheiden, das Licht, die Liebe, die Harmonie, das Gleichgewicht, den Frieden, die Gebete und die Heilung aus all den vielen Quellen anzunehmen, die ihr dies anboten. Diese Wahl würde der Erde erlauben, die negativen Energien mit Hilfe von Licht umzuwandeln, wodurch die Reinigung sehr friedlich und sanft vor sich ginge.
2. Sie konnte aber auch großflächige Überschwemmungen, Feuer und Erdbeben wählen, möglicherweise sogar die Notwendigkeit einer Verschiebung der Erdachse. Dadurch würden Nord- und Südpol an andere Positionen

rutschen, was große Verwüstungen nach sich zöge. Diese Wahl würde der Erde, der Menschheit und den Milliarden Lebensformen, die mit der Erde verbunden sind, großen Schmerz und unsägliches Leiden bereiten.

Wie man erwarten kann, hat sich das Erdwesen entschieden, den Übergang in die neue Dimension durch den Einsatz von Licht so sanft wie möglich zu vollziehen. Sie nimmt die Arbeit, die geleistet wird, um ihr zu helfen, in unendlicher Liebe an. Sie ist sehr glücklich, mit dieser Alternative fortzufahren, und empfängt so viel Hilfe, wie jeder zu geben bereit ist. Man muß nicht außergewöhnlich klug sein, um herauszufinden, für welche Form der Reinigung sie oder ein anderes Wesen sich entscheiden würden. Es ist nicht angenehm, die Schmerzensschreie der leidenden Menschen und all der Pflanzen und Tiere zu hören, die in traumatischen geophysischen Umwälzungen untergehen. Der Sanftheitsgrad des Übergangs hängt von der Menge des Lichts ab, die sie empfängt.

Die Erde wählte eine sanfte Geburt in die neue Dimension. Wenn sich die Kräfte des Lichts, die auf der Erde die Seelenfamilien repräsentieren, vom Geist leiten lassen, sind sie unfähig zu entscheiden, was nach der göttlichen Ordnung am besten ist. Durch die andauernden positiven Schöpfungen der Kräfte des Lichts behält Gott die Oberhand.

7
Der Weg der Einweihung und der Prüfungen

Alle Sterngeborenen und Lichtarbeiter folgen dem Weg der Einweihung, um aufzusteigen. Jeder einzelne ist selbst dafür verantwortlich, die dargebotenen Gelegenheiten zu ergreifen und die dahinterliegenden Gedankengänge zu verstehen, um die Lektionen zu lernen und voranzuschreiten. Wie lange es dauert, bis die einzelnen Stufen transformiert sind, hängt von den Fähigkeiten der Person ab, die Lektionen zu meistern, und das kann ganz unterschiedlich sein.

Es ist bekannt, daß sich Jesus inkarnierte, um das Fischezeitalter einzuleiten, eine Zeit, in der die Menschen das Konzept begreifen sollten, ihren «Bruder wie sich selbst» zu lieben. Die von ihm ausgelöste Bewegung diente dazu, der Menschheit tieferes Mitgefühl und größeres Verständnis zu vermitteln. Es gab darüber hinaus noch andere Gründe, die nur wenige kennen. Weil man wußte, daß die Schwingungskapazität von Jesus außerordentlich hoch sein würde, wenn er sich mit ungefähr dreißig Jahren mit seiner ICH-BIN-Gegenwart vereinte, sah der Plan vor, daß er in dieser Zeit eine hochschwingende Blaupause tragen sollte, die die Lichtdecke der Erde anheben würde. Man könnte sagen, daß die Menschheit vor diesem Ereignis von der sie umgebenden dichten Energie, die aus der Negativität entstanden war, niedergedrückt wurde. Danach hatte sie es leichter, sich nach oben in eine neue höhere Frequenz zu bewegen.

Durch sein Lebensmuster zeigte uns Jesus außerdem symbolisch jeden Schritt, den wir auf dem Weg zum Aufstieg gehen müssen. Diesen Schritten folgt jeder bei seinem Prozeß des Erwachens. Es ist keine bestimmte Zeitdauer vorgegeben, wann die einzelnen Schritte zu vollenden sind, weil jeder sein eigenes Tempo wählt.

Es gibt sieben Stufen in diesem Prozeß:

Die Geburt des Christus

Diese Stufe bezieht sich auf die Geburt des Christus in uns. Es ist damit jener erste Augenblick gemeint, wo du erkennst, daß du mehr bist, als du ursprünglich angenommen hattest. Die Geburt des Christus symbolisiert das Wiedererkennen der dreifältigen Flamme tief im Herzen. Die dreifältige Flamme steht für den blauen Strahl der göttlichen Macht und des göttlichen Willens, den gelben Strahl der Weisheit und den rosafarbenen Strahl der Liebe. Diese Flamme ist unsere Verbindung mit der göttlichen Quelle.

Die Taufe

Die Taufe entspricht unserer ersten bewußten Entscheidung, den physischen, den emotionalen, den mentalen und den spirituellen Körper zu reinigen. Es kann die Entscheidung sein, künftig gesündere Nahrung zu essen, Blütenessenzen zu nehmen, um unsere emotionalen und mentalen Muster zu klären, oder ein Buch über positives Denken zu lesen. Damit beginnt sich unser Schwingungsmuster zu verändern, und wir öffnen uns einem neuen Bewußtsein, das mehr Licht in unserem Leben zuläßt.

Die Verwandlung

An diesem Punkt verpflichtet sich der Mensch aus ganzem Herzen, die Wahrheit zu suchen. Für einige Menschen ist diese Stufe nur ein Durchgangsstadium ihrer Entwicklung, während andere viele Jahre auf dieser Ebene verbringen. Wie die Umstände auch sein mögen – diese Stufe wird nur selten wieder vollständig aufgegeben. Wenn der Prozeß einmal begonnen hat, kann er fast in Besessenheit ausarten. Auf dieser Stufe werden unzählige Bücher gelesen und viele Kurse besucht, und man beschäftigt sich auf der Suche nach Antworten intensiv mit Philosophien, Kulten oder Weltregionen.

Hier beginnt außerdem die «dreistufige Prüfung», die auf dem Weg zum Aufstieg abgelegt werden muß. Diese erste Phase prüft dein Engagement und die Aufrichtigkeit deiner Entscheidung, als Lichtarbeiter auf die Erde gekommen zu sein. Kann man sich auch dann, wenn Schwierigkeiten auftauchen, darauf verlassen, daß du deine Aufgaben erfüllst und deine Vereinbarungen einhältst?

Stell dir vor, daß du dich im Krieg an der Front befindest und wirklich sicher sein mußt, daß deine Kameraden dich nicht im Stich lassen. Vielleicht führst du gerade ein besonderes Manöver durch und verläßt dich darauf, daß sie dir Deckung geben, doch wegen des besonders heftigen Widerstands der gegnerischen Seite sind sie geflohen. In gewisser Weise ist die Situation vergleichbar. Man muß sich auf dich verlassen können, und du darfst in der Konfrontation mit Widerstand keine Schwäche zeigen. Es gibt im Englischen ein Sprichwort: «When the going gets tough, the tough get going» («Wenn der Gang der Dinge hart wird, gehen nur die Harten weiter»). Dies ist die leichteste Stufe des Prüfungspfades.

Der Garten

Jesus begab sich allein in den Garten, um zu meditieren und um in der Stille mehr Weisheit und eine tiefere Verbindung zur göttlichen Quelle zu gewinnen. In dieser Zeit deines Lebens mußt du allein zurechtkommen. Deine Familie und deine Freunde werden dich verlassen, niemand wird dir helfen, mit den Ereignissen fertig zu werden, und keiner wird dich bei deinen Entscheidungen beraten. Du wirst aus keiner anderen

Quelle Hilfe erhalten als aus deiner eigenen spirituellen Verbindung mit der göttlichen Quelle. Das bedeutet, daß dir weder Menschen noch Engel beistehen. Sie alle haben beschlossen, daß es dir am besten dient, wenn sie dir diesmal nicht helfen. Es kann sein, daß du in dieser Zeit mit schweren Problemen und Sorgen zu kämpfen hast; doch du hast immer die Möglichkeit, dich in die Stille zu begeben und die innere Weisheit antworten zu lassen.

Dein Glaube, deine Liebe und dein Vertrauen werden auf zwei Arten umfassend geprüft: zum einen soll deine Fähigkeit geschult werden, deinen Freunden, deiner Familie und den Wesenheiten der Aufgestiegenen Sphären gegenüber stets den spirituellen Standpunkt bedingungsloser Liebe einzunehmen, obwohl sie dich scheinbar verlassen und enttäuscht haben; zum anderen werden dein Vertrauen in die göttliche Vollkommenheit aller Dinge und dein Wissen geprüft, daß alles, was in deinem Leben geschieht, vollkommen ist und deinem höchsten Wohle dient.

Dies ist der schwierigste Teil der Prüfung. Sie kann unterschiedlich hart ausfallen, da die verschiedensten Faktoren zu diesem Zeitpunkt eine Rolle spielen. Einer dieser Faktoren betrifft das Ausmaß an Reinigung, die ein Mensch bereits geleistet hat. Wenn noch viel geklärt werden muß, kann diese Stufe sehr schwierig sein, weil der emotionale und der mentale Körper gleichzeitig «auseinandergenommen» werden. Möglicherweise hast du dir aber auch wirklich schwere Aufgaben vorgenommen und mußt als Vorbereitung darauf abgehärtet werden. Es ist sowohl möglich, daß dir die Zeit ganz leicht fällt, als auch daß sie dich über die Grenzen des Erträglichen hinaus belastet. Vielleicht machst du Erfahrungen, die du weder dir noch anderen erklären kannst. Möglicherweise hast du das Gefühl, eine äußerst traumatische, negative Erfahrung zu durchleben und «dich» irgendwo auf dem Weg verloren zu haben. Da man die Bedeutung der Erlebnisse erst später versteht, mag ein solcher Eindruck bei dir entstehen.

Die Antwort ist einfach. Kannst du den spirituellen Standpunkt auch unter Druck aufrechterhalten? Kannst du unter schwierigen Bedingungen Gott weiter dienen? Kannst du ungeachtet der Umstände bedingungslos lieben?

Wenn du dich weiter auf das Licht konzentrierst und der Versuchung nicht nachgibst, hierin nachzulassen, um Frieden zu finden, wenn du deinen spirituellen Standpunkt beibehältst und weißt, daß du unbesiegbar bist, dann wirst du dies alles nicht nur ertragen, sondern du wirst tieferen Frieden und größere Freude gewinnen. Du wirst wieder «du selbst» sein und – ob du es glaubst oder nicht – letztlich erkennen, daß die Erfahrung positiv war und dir außerordentlich geholfen hat.

Die Kreuzigung

Auf dieser Stufe darfst du die Bürden der Welt loslassen. Viele Lichtarbeiter glauben, daß der Plan scheitern würde, wenn sie nicht weiterkämpften. Es ist leicht möglich, daß du das Gefühl hast, der einzige Mensch zu sein, der diese Aufgabe bewältigen kann, und dieser Gedanke lastet oft schwer auf deinen Schultern.

Wenn du im göttlichen Fluß handelst und nur das tust, was dich begeistert, interessiert oder was sich richtig anfühlt, entdeckst du, daß deine Aufgabe hier keine Bürde ist, die getragen werden muß, sondern reine Freude. Wenn du die «Last der Verantwortung» spürst, ist es gut möglich, daß du dich auf dieser Stufe des Einweihungsweges befindest. Wenn du glaubst, daß du etwas tun «mußt» oder «solltest», hast du dich in einen Gedankengang verwickelt, den du fälschlicherweise für Verantwortung hältst. Die wirkliche Verantwortung, die jeder Mensch ganz natürlich im Laufe des Entwicklungsprozesses übernimmt, ist ganz anderer Art, denn sie wird von Gefühlen wie Behaglichkeit, Vertrauen und Leichtigkeit begleitet. Sie bedarf keiner komplizierten Denkprozesse und bezieht sich einfach auf alle natürlichen Handlungen in seinem Leben.

Diese Einweihungsstufe fordert von dir, jene Bereiche zu erkennen, in denen du eine Verantwortung übernommen hast, die dir nicht wirklich zusteht, und daß du sie denjenigen zurückgibst, denen sie gebührt. Es ist Zeit, daß jeder einzelne sich auf seine eigene Aufgabe besinnt. Wenn du weiterhin die Verantwortung für andere trägst, hilfst du ihnen damit nicht. Du gibst ihnen damit in gewisser Weise zu verstehen, daß du sie für zu schwach hältst, es selbst zu tun, und nimmst ihnen die Gelegenheit, stärker zu werden. Darüber hinaus blockierst du ihren Aufstiegspfad und verhinderst, daß sie das Karma bearbeiten, das ihre Energien wieder ins Gleichgewicht bringen könnte. Wenn du beschließt, ihre Verantwortung als die deine zu verstehen, übernimmst du außerdem noch das entsprechende Karma. Selbst wenn du die karmische Absolution für dich angenommen hast, die den meisten Mitgliedern der Kräfte des Lichts zugebilligt wurde, betrifft diese nicht jenes Karma, das in Wahrheit einem anderen gebührt. Wenn du diese Verantwortung weiterhin nicht losläßt, fällt dir zusätzlich das Karma zu, die Entwicklung des anderen behindert zu haben.

Du mußt deine eigenen Verantwortungen erkennen und annehmen. Diese zeigen sich dir ganz von selbst durch das Gefühl der Begeisterung oder das Interesse, darüber nachzudenken. Verantwortung, die in Wahrheit eigentlich anderen zusteht, fühlt sich wie eine Bürde an, verlangt dir große Mühen ab, und du hast tatsächlich Schwierigkeiten, wenn du versuchst, sie zu tragen. Wenn du über solche Aufgaben nachdenkst, entlocken sie dir wahrscheinlich eher ein resignatives Seufzen als Begeisterung.

Wenn man den Geboten des Verstandes gehorcht, gerät man leicht in die Versuchung zu denken, daß «es niemand anderen gibt, der diese Aufgabe sonst erledigt». So gerät man in die Falle, die Pflichten anderer Menschen zu übernehmen, und indem man dies tut, verläßt man den Fluß der göttlichen Führung. Wenn es wirklich deine Arbeit ist, fühlt sie sich richtig an und kann mit Leichtigkeit bewältigt werden. Sobald du als Geist ohne dein Ego handelst, wirst du mit reiner inspirierender Freude arbeiten. Dies ist der letzte Teil der Prüfung.

Die Auferstehung

Obwohl man sich noch in einem physischen Körper befindet, verbindet man sich zu diesem Zeitpunkt noch stärker mit der *Christus-ICH-BIN-Gegenwart*. Die niederen feinstofflichen Körper durchlaufen die letzten Stadien der Reinigung, und die Ziele des höheren Selbst haben jetzt Vorrang vor den Wünschen der inkarnierten Seelenidentität. Je mehr man dies verwirklicht und je mehr die ICH-BIN-Gegenwart mit ihrer Integrität und Verbindung zur Quelle die Kontrolle übernimmt, um so größer sind die Geschenke der Meisterschaft und Gnade, die man erhält. Alle Fähigkeiten, die du brauchst, um deine irdischen Aufgaben zu erfüllen, werden dir gegeben. Alle Programme zur Umsetzung des Plans sind dir jetzt zugänglich. Es spielt keine Rolle, ob du dazu Kenntnisse über Kräuter, Kristalle, machtvolle Energieorte, Essenzen oder höhere Mathematik benötigst oder ob du nur im Gleichgewicht bleiben mußt – dir wird in jedem Augenblick alles zur Verfügung stehen, was für die Erledigung deiner Aufgabe nötig ist. Wenn es nicht so scheint, als ob die notwendigen Fähigkeiten verfügbar seien, dann prüfe, ob du noch immer als Geistwesen handelst oder ob du in dein Ego-Bewußtsein oder in fruchtlose Denkprozesse zurückgefallen bist.

Der Aufstieg

Du wirst aufsteigen:

1. Wenn du deine irdische Mission beendet hast.
2. Wenn du die niederen feinstofflichen Körper gereinigt hast. Das bedeutet, daß alle Körper so erfüllt von Licht sind, daß sie dich auf eine höhere Existenzebene heben können. Die Besonderheiten dieser Reinigung hängen

davon ab, ob du den alten oder den neuen Weg des Aufstiegs gewählt hast. Jene, die sich für einen Aufstieg ohne den physischen Körper entschieden haben, müssen nur drei feinstoffliche Körper – den emotionalen, mentalen und niederen spirituellen Körper – auf die bereits angesprochene Lichtebene heben. Jene, die auch den physischen Körper umwandeln wollen, müssen diesen ebenfalls reinigen.

3. Wenn deine Absicht rein ist,
4. Wenn dein Karma zu 51 Prozent ausgeglichen ist oder wenn dir karmische Absolution erteilt wurde.

Die karmischen Anforderungen für die Erde sind verändert worden. Die Erdbevölkerung hatte wegen des negativen Ungleichgewichts auf diesem Planeten Schwierigkeiten, die karmischen Energien auszugleichen. Der Aufgestiegene Meister St. Germain, der zur spirituellen Hierarchie der Erde gehört, bat vor einem Konzil des Lichts, das die Angelegenheiten des Karma überwacht, für die Menschen um die Gnade, die karmischen Anforderungen von 100 auf 51 Prozent zu senken. Nach reiflichen Überlegungen und den vergeblichen Versuchen einiger Mitglieder dieser Kommission, Zeit auf der Erde zu verbringen, und diese ohne Karma zu verlassen, wurde dies ordnungsgemäß gewährt.

Vor kurzem wurde den Mitgliedern der Kräfte des Lichts darüber hinaus als besondere göttliche Gabe die karmische Absolution angeboten.

Das universelle Gesetz gebietet, daß der freie Wille und die freie Wahl niemals verletzt werden dürfen. Das bedeutet, daß du dieses Angebot der karmischen Absolution akzeptieren mußt, bevor sie sich in deinem Leben manifestieren kann. Du darfst wählen.

Die karmische Absolution wird allen Menschen angeboten. In erster Linie ist es natürlich deine ICH-BIN-Gegenwart, die zustimmt. Das ist jener Teil deiner selbst, der nicht inkarniert ist und immer das übergeordnete Bild dessen vor Augen hat, was der verkörperten Seele am meisten dient. Während diese Möglichkeit 97,8 Prozent aller Mitglieder der Kräfte des Lichts offensteht, gibt es ein paar Fälle, wo die ICH-BIN-Gegenwart der Menschen fühlte, daß es deren Wachstum und höchstem Lernziel am besten diente, wenn sie die Energien, die mit den letzten wenigen karmischen Prozentpunkten verbunden waren, erfahren würden. Urteile nicht darüber. In Wahrheit ist es keine Strafe, sondern ein Geschenk. Und ihr wenigen Menschen versteht, daß eure ICH-BIN-Gegenwart euch kennt und weiß, was ihr wirklich wollt. Es mag viele verschiedene Gründe geben. Einige sind erst später auf die Erde gekommen und wollen soviel wie möglich lernen. Andere hatten vor ihrer Verkörperung unumstößlich festgelegt, ganz bestimmte Lektionen unter allen Umständen bewältigen zu wollen. Vertraue einfach darauf, daß alles vollkommen in Ordnung ist und daß alles, was dir begegnet, deinem höchsten Wohle dient. Da einige Menschen immer noch das Glaubensmuster pflegen, sie seien unwürdig, kann es schwer festzustellen sein, ob dir diese Möglichkeit offensteht oder nicht. Daher schlagen wir vor, daß du so handelst, als hättest du diese Wahl. Wenn es geschehen soll, wird es geschehen.

Die Schritte zur karmischen Absolution

1. Gehe in die Stille und meditiere. Konzentriere dich auf die ätherische Flamme in deinem Herzen, die dich mit der Quelle verbindet. Nähre diese Flamme mit den Schwingungen der Liebe.
   Sprich laut und kraftvoll: «Ich rufe meine mächtige ICH-BIN-Gegenwart an. Durch die Gnade Gottes akzeptiere ich die besondere göttliche Gabe der karmischen Absolution.»
2. Als du dich auf der Erde inkarniertest, waren die Schleier der Maya, des Vergessens, noch gegenwärtig. Damals warst du noch nicht zu deiner wahren Aufgabe hier er-

wacht. Dies geschah aus einem guten Grund: Ursprünglich war abgesprochen, daß du erst im letzten Jahrzehnt des gegenwärtigen Jahrtausends zu der besonderen Wahrheit deiner Mission erwachen solltest. Du wußtest zu dem damaligen Zeitpunkt auch nicht, daß den Kräften des Lichts die karmische Absolution angeboten werden sollte.

Deshalb brachtest du natürlich all jene Energien ins Spiel, die dir helfen sollten, dein Karma auszugleichen, und kümmertest dich weniger um die Vollendung deiner Mission. Das bedeutet, daß du mit anderen Menschen Vereinbarungen trafst, zum Zwecke des Ausgleichs mit dir zu interagieren. Viele dieser Vereinbarungen sind bereits erfüllt, einige sind gegenwärtig im Gange, und manche kommen noch auf dich zu. Deshalb schlagen wir zusätzlich einen zweiten Schritt vor. Bitte deine ICH-BIN-Gegenwart um folgendes:

«Ich rufe meine mächtige ICH-BIN-Gegenwart an. Wenn es der höchsten göttlichen Ordnung entspricht, bitte ich, daß jene Wesen, mit denen ich noch Vereinbarungen getroffen habe, die den Ausgleich meines Karmas betreffen, gerufen und gefragt werden, ob sie bereit sind, diese Übereinkünfte aufzulösen.»

Da du im Rahmen der höchsten Ordnung bittest, werden alle Vereinbarungen aufrechterhalten, die dir nutzen. Die auf diese Weise angesprochenen Wesen haben freien Willen und freie Wahl und können entscheiden, ob sie annehmen oder nicht. Doch da man ihnen auf einer höheren Ebene begegnet, werden sie den Grund der Bitte verstehen. Daher ist es wahrscheinlich, daß sie einwilligen.

Verstehe, daß du dadurch vom Gesetz des Karmas nicht ausgeschlossen bist. Du bist dafür verantwortlich, daß du deine Integrität im göttlichen Fluß bewahrst, damit keine weiteren

Unausgewogenheiten entstehen. Auch in Zukunft kannst du dir positives oder negatives Karma erwerben, doch es wird als «Augenblickskarma» rasch ausgeglichen werden. Wir neigen dazu zu vergessen, daß Karma auch positive Wirkungen haben kann. Wir können eine Menge «Pluspunkte» sammeln und wunderbare Leben erfahren, in denen viele herrliche Dinge geschehen.

Im Moment des Aufstiegs wird man allein gelassen, um die letzte Entscheidung selbst zu treffen. Man fühlt sich sehr einsam. Zu diesem Zeitpunkt seines Aufstiegs fühlte Jesus am Kreuz plötzlich, daß kein Wesen mehr gegenwärtig war, und er rief: «Mein Vater, warum hast du mich verlassen?» Wenn man die Entscheidung getroffen hat, beginnt man aufzusteigen.

Jetzt wirst du wieder mit deiner Zwillingsflamme vereint, und ihr beide schreitet gemeinsam durch die Zeremonie der Aufstiegsflammen. Damit hast du den Aufstieg in die fünfte Dimension vollendet.

Die Zwillingsflammen, die all jene Lernerfahrungen gemacht haben, die im Zustand des Getrenntseins möglich sind, sind jetzt dazu bestimmt, zusammenzubleiben. Jetzt können sie den Entwicklungsprozeß auf der Stufe wieder aufnehmen, die sie vor ihrer Erdmission bewältigt hatten. Möglicherweise haben sie so viel gelernt und sind so weise geworden, daß sie eine vollkommen neue Ebene erreichen.

Jene Wesen, die diese Lernziele noch nicht erreicht haben, werden auf dieser Stufe dennoch mit ihrem Zwilling vereint. Doch irgendwann werden sie wahrscheinlich die Entscheidung treffen, die Lernziele doch noch zu verwirklichen. Das würde bedeuten, daß sie sich für eine gewisse Periode wieder von ihrem Zwilling trennen müssen (siehe auch Kapitel 11).

Im Laufe der Vollendung ihrer individuellen Mission werden sich die Kräfte des Lichts auf der Erde wieder mit ihren Zwillingsflammen vereinen. Jetzt kannst du entscheiden, wo du sein und was du tun willst, und zwar so lange, wie du möchtest.

Es ist Zeit, nach Hause zurückzukehren.

8

Unterscheidungsvermögen und innere Kraft

«Unterscheidungsvermögen»,
das Schlüsselwort auf dem Planeten

Nutze die innere Kraft

Um ihrer inneren Kraft Geltung zu verschaffen, müssen Lichtarbeiter nur ihrer inneren Führung, ihrer Intuition und Begeisterung, ihrem Gefühl für Richtigkeit, ihrem Geist oder Herzen folgen – hundertprozentig, immer, ohne Vorbehalte, in vollkommenem Glauben und Vertrauen.

Die größten Geschenke des reinen Geistes sind die Liebe, die Kraft und die Weisheit der Quelle. Die herrliche dreifaltige Flamme befindet sich in jedem einzelnen von uns. Sie ist unsere Verbindung zum Ursprung, zu Allem-was-ist, zu Gott oder wie immer du die göttliche Schöpfung nennen magst. Sie ist auch die Quelle unseres exakten intuitiven Wissens, das jedem von uns in jedem Augenblick zur Verfügung steht.
Sie ist immer gegenwärtig, und wir sind es, die darüber entscheiden:
a) ob wir ausgeglichen genug sind, um sie wahrzunehmen, und
b) ob wir dem göttlichen Fluß oder dem eigenen Willen folgen wollen (Seinem Willen oder meinem Willen).

Es ist für deinen persönlichen Fortschritt, für deine Vereinbarungen mit anderen Wesen und für dein Ziel hier auf der Erde unbedingt notwendig, daß du unterscheidest und nur das akzeptierst, was sich richtig anfühlt.

1. *Bewahre eine positive Sichtweise.* Es gibt Millionen liebevoller und hervorragender Lichtarbeiter auf der Erde. Sie

sind erwacht und widmen sich liebevoll ihrem Dienst an der Erde. Die Mehrheit der Erdbevölkerung möchte in Frieden und Harmonie leben.

2. *Alle im Universum sind gleich* – das schließt dich mit ein.
3. *Sei ein Meister!* Folge deiner Intuition!
4. *Werde deines Wissens gewahr!* Du weißt intuitiv immer, ob die dir angebotene Energie liebevoll ist und sich richtig für dich anfühlt. Diese Einschätzung geschieht instinktiv und meist augenblicklich.
5. *Erkenne deinen wahren Willen.* Du weißt ebenfalls zu jeder Zeit, ob du die Energie, die dir irgend jemand anbietet, unterstützen möchtest oder nicht. Auch dies geschieht instinktiv und gewöhnlich augenblicklich. Häufig setzt an diesem Punkt der Verstand ein, und wir versuchen, logische Gründe dafür zu finden, warum wir falsch liegen müssen. Manchmal schieben wir dieses Wissen beiseite, indem wir uns sagen, daß unsere Reaktion nicht liebevoll sei und wir kein Vertrauen hätten. Zuweilen mangelt es uns an Selbstvertrauen, um unserer eigenen Wahrnehmung zu trauen, besonders dann, wenn alle um uns herum anderer Meinung sind. Du bist dann ein Meister, wenn du deiner eigenen Intuition vertraust und dabei bleibst, selbst wenn alle Welt etwas Gegenteiliges behauptet. Es gibt Millionen Menschen rund um den Globus, die denselben falschen Glaubensmustern anhängen; doch Popularität bürgt nicht unbedingt für Wahrheit.
6. *Neutrale Schwingung.* Wenn du weder eine «gute» noch eine «schlechte» Schwingung wahrnehmen kannst, dann erkenne, daß du möglicherweise eine neutrale Schwingung aufnimmst. Deine nächste Frage sollte lauten: «Warum ist sie neutral?» Verdeckt diese neutrale Schwingung eine Energie, die verborgen bleiben will? Ist die verborgene Energie positiv oder negativ?
7. *Unterscheiden ist nicht Urteilen.* Das Ziel besteht darin, die dargebotene Energie intuitiv wahrzunehmen und zu ent-

scheiden, ob du sie unterstützen willst. Zum Wohle aller mußt du entscheiden, ob du deine Energie und Kraft dieser Person, diesem Projekt, diesem Seminar, diesem Tonband, diesem Artikel, diesem Vortrag, dieser Unterhaltung, dieser Gruppe, diesem Glaubenssystem oder dieser Regierung zur Verfügung stellen willst. Wenn du nur den leisesten Zweifel hegst, ist es besser, so lange zu warten, bis du sicher bist, statt daß du dich überstürzt engagierst, um dich nach einiger Zeit wieder zurückziehen zu müssen. Die Entscheidung, daß du mit einer bestimmten Energie nicht arbeiten willst, erfordert nicht, daß du sie als «schlecht» beurteilst. Du kannst sie einfach als Alternative betrachten, die man in diesem Universum wählen kann, die du persönlich jedoch nicht nutzen möchtest. Wenn du deine Energie, deine Kraft und deine Unterstützung von einem bestimmten Gebiet abziehst, bedeutet das nicht, daß du deine bedingungslose Liebe ebenfalls zurückhältst.

8. *Laß dich nicht beeindrucken!* Du könntest zu dem Glauben verleitet werden, daß andere mehr wissen als du. Ganz gleich wer die Person sein mag, wie berühmt sie ist, wie viele Bücher sie geschrieben und Seminare geleitet hat, wen auch immer sie channelt oder zu channeln glaubt, wie mächtig, intelligent, glaubwürdig oder vernünftig sie auch klingen mag – *fühlt es sich richtig an?* Du bist zu hundert Prozent fähig, sicher zu entscheiden, ob etwas richtig oder falsch für dich ist. Es gibt wunderbare Redner und Autoren, die erlesene Wahrheiten verkünden, doch du mußt selbst entscheiden, auf welche Wirklichkeit du dich einläßt.

Zwei Energien wirken gegenwärtig in der Realität der dritten Dimension: Die eine wählt Liebe, Frieden und Harmonie, strebt nach Wahrheit und nach einer innigeren Verbindung mit der Quelle und dem Licht. Diese Energie möchte das Ego mit dem Geist verbinden, um anderen besser dienen zu können.

Die andere Energie benutzt einschränkende Muster, die Kontrolle und Macht über andere erforderlich machen. Gewöhnlich werden die Menschen falsch informiert. Indem ihnen verschwiegen wird, daß sie in Wahrheit geistige Wesen sind, wird Angst verbreitet. Solche Muster haben das Ziel, dich von der Quelle und dem Licht zu entfernen.

Nimm einfach die Art der Energie wahr, und handle intuitiv im göttlichen Fluß. Es gibt keine einzige Entschuldigung für die Entscheidung, nicht bedingungslos zu lieben, ganz gleich, was jemand sagt oder tut. Urteilst du aber und ziehst deine Liebe zurück, wirst du so lange dieselbe Lektion in deinem Leben manifestieren, bis du wirklich bedingungslos lieben kannst.

Wenn unser Leben sich an den Mustern des positiven Denkens ausrichtet, werden wir gewöhnlich nur liebevolle Energien erfahren. Haften uns dagegen immer noch negative Muster an, besteht die Möglichkeit, daß wir der zweiten Energieform begegnen.

Es dient niemandem, wenn wir die Existenz dieser zweiten Energieform leugnen oder die Tatsache verschweigen, daß einige Menschen es vorziehen, mit dieser Energie zu arbeiten. In heutiger Zeit wäre es naiv, jene Energie dort, wo sie auf der Erde tatsächlich wirkt, nicht wahrzunehmen. Dein Unterscheidungsvermögen hätte versagt, und daraus entsteht Verwirrung. Dennoch besteht kein Grund, diesem Bereich Glaubwürdigkeit und Macht zu verleihen, die er eigentlich nicht besitzt. Je weiter man sich von der Quelle entfernt, um so schwerer wiegt die eigene Dichte, und damit verringert sich die Fähigkeit, wirkliche Liebe und wahre Kraft zu erfahren. Jene Ebenen werden gewöhnlich dadurch, daß Angst erzeugt wird, von *bedingter Liebe* und *Macht* über andere bestimmt. Sie verfügen im Gegensatz zum Licht nicht über wirkliche Macht; sie besitzen nur das, wovon man glaubt, daß sie es besitzen. So wie man in einem dunklen Raum den Lichtschalter betätigt und die Dunkelheit vertreibt, lösen sich diese dichteren Energien in Gegenwart von Licht in höhere, lichte Schwingungen auf.

Je weiter deine Entwicklung fortschreitet, um so mehr Licht wirst du erfahren, um so tiefer wird deine Verbindung zur Quelle, zu Allem-was-ist, sein, und um so stärker wird dir die universelle Kraft zur Verfügung stehen, die Weisheit und Leichtigkeit beim Tragen von Verantwortung mit sich bringt. Nebenbei bemerkt ist Verantwortung, wenn sie sich ganz natürlich entwickeln darf, ein freudiges Gefühl, ganz im Gegenteil zu der Empfindung, die entsteht, wenn der Verstand darauf besteht, man «müsse» jetzt verantwortlich handeln.

Viele von den jetzt verkörperten Menschen waren bereits in Atlantis inkarniert. *Halloween* heißt in Wirklichkeit «All Hallows Eve», der 31. Oktober, die Nacht, bevor Atlantis versank. Aus diesem Grund wird Halloween von Geistern und Hexen dargestellt.

Diese ehemaligen Atlanter, die die Meere lieben, stellen sicher, daß die Menschen diesmal ihr Unterscheidungsvermögen und ihre Weisheit nutzen, um von der wunderbaren Gelegenheit Gebrauch zu machen, diesen Planeten ins volle Licht zu heben. Sie mögen zuweilen sogar mißtrauisch und skeptisch wirken, weil sie die Dinge immer wieder prüfen. So versuchen sie zu vermeiden, daß das, was in Atlantis aufgrund von Naivität und der Unfähigkeit, die Energien zu unterscheiden, geschah, nicht noch einmal passiert.

Du wirst die Energien, die in deine Welt eindringen, immer prüfen müssen. Es liegt an dir, ob du als Meister handelst oder ob du bei jedem Schritt nach Hilfe rufst. Wenn du erst deiner inneren Führung folgst, leitet sie dich ganz natürlich, und es ist keine wie auch immer geartete Anstrengung nötig.

Wenn alle Menschen prüfen und aus ihrer eigenen Autorität heraus handeln, indem sie einfach nur das annehmen, was sich wahr anfühlt, und den Rest verwerfen, werden sie viel schneller Frieden finden. Die negativen Energien haben dann keine

Plattform mehr, von der aus sie ihre falschen Informationen verbreiten können.

Ein Mensch, den keine Verwirrung umgibt, der unterscheidet, ohne zu urteilen, der alles Leben liebt und in seiner Schöpfung positiver Energie lebt, hat innere Ruhe, Frieden und Freude. Dieser innere Friede und das Licht werden von allen wahrgenommen.

Wichtiger als Diskussionen über negative Energien ist die höhere Wahrheit, daß wir unsere Wirklichkeit in der Gegenwart erschaffen.

Wenn deine Worte und Taten nicht von Verwirrung zeugen, sondern in der höchsten Wahrheit stehen, werden sie den göttlichen Plan auf Erden in einer so wunderbaren Herrlichkeit verwirklichen, wie es im Universum noch nie erlebt wurde.

9
Das Recht zu verfügen und das universelle Gesetz

Alle, die im Dienste des Lichts arbeiten, haben das *Recht zu verfügen.* Es gehört zu den ursprünglichen Vereinbarungen des planetarischen Teams, das der Erde bei ihrer Geburt in die neue Dimension helfen will.

Die Anwendung dieses Rechts gibt den Aufgestiegenen Sphären die Macht, die Grenzen des Nichteinmischungs-Gesetzes zu überschreiten und zu unserem Nutzen zu wirken. Nur die Bewohner eines Planeten haben das Recht zu entscheiden, was in ihrem Planetensystem geschehen soll und was nicht.

Das Recht zu verfügen eröffnet einen raschen, kraftvollen Weg, die Unterstützung der mächtigen Lichtkräfte aus höheren Dimensionen zu erhalten.

Damit es wirken kann, muß es dreimal gesprochen werden (die Macht der Drei), und damit es dem universellen Gesetz entspricht, muß es in Worte gefaßt und in Übereinstimmung mit der Kraft des göttlichen Lichts gebracht werden. Für den Fall, daß du um etwas bittest, was nicht dem höchsten Wohl entspricht, ist es weise, es außerdem noch unter das Gesetz der Gnade zu stellen. Vielleicht bist du nicht in der Lage, das übergeordnete Bild zu sehen, und bittest versehentlich um etwas, was für die Betroffenen nicht wirklich optimal ist. Das Gesetz der Gnade steht dem Gesetz des Karmas gegenüber. Wenn du etwas unter das Gesetz der Gnade stellst, dann bittest du darum, daß die karmischen Auswirkungen, die diese Handlung nach sich ziehen mag, nicht auf dich zurückfallen.

Beispiele:

«Durch göttliche Verfügung, im Namen Gottes und im Einklang mit dem Gesetz der Gnade bitte ich um … (dreimal). So sei es. So ist es.»

«Durch göttliche Verfügung, im Namen des heiligen Christuslichts und im Einklang mit dem Gesetz der Gnade bitte ich die Aufgestiegenen Sphären des Lichts, bei … zu helfen (dreimal). So sei es. So ist es.»

«Durch göttliche Verfügung, im Namen der göttlichen Mutter / Gottvaters und im Einklang mit dem Gesetz der Gnade bitte ich das Königreich der Engel / die Aufgestiegenen Meister / St. Germain / Jesus / den Erzengel Michael / Kuthumi / Mutter Maria / meine ICH-BIN-Gegenwart (oder an wen du dich sonst gerne wenden möchtest) um … (dreimal). So ist es.»

Du kannst um alles bitten, für jeden, für jedes Land, für jede Situation an jedem Ort.

Wenn du von einem Standpunkt der Liebe aus bittest und die Aufgestiegenen Sphären es für die höchste Wahrheit halten, entsprechend zu handeln, wird es geschehen. Da die höheren Sphären immer das übergeordnete Bild sehen, werden sie für ihre Hilfe den besten Weg wählen, was jedoch nicht immer der Weg sein muß, den du eingeschlagen hättest. Es wäre gut, wenn du alle Erwartungen über den Ausgang deiner Bitte loslassen würdest, da du sonst womöglich Verlustgefühle empfinden oder gar glauben könntest, die Verfügung wirke nicht, weil sich die Situation nicht so entwickelt, wie du meinst, daß sie sich entwickeln sollte.

Nachdem du die Verfügung erlassen hast, ist es nicht nötig, weiter daran zu denken. Binde deine Energien nicht, indem du der Verfügung nachgehst. Verfüge einfach intuitiv, was sich für dich richtig anfühlt, und wenn du den höheren Sphären die Sache übergeben hast, dann laß sie los. Laß los und laß Gott machen. Wenn du Gott etwas überlassen hast, ist es nicht nötig, nachzuprüfen, ob Er die Angelegenheit zufriedenstellend behandelt. Auf diese Weise kannst du im «Jetzt» gegenwärtig bleiben und bist stets bereit zu erkennen, was als nächstes zu sagen oder zu tun richtig wäre.

Es entspricht größter Weisheit, dem universellen Gesetz, dem göttlichen Fluß, der stets dem höchsten Wohle dient, in jedem Fall zu folgen.

Zu den universellen Gesetzen zählen: das Gesetz der Schwingung; das Gesetz der Anziehung, das besagt, daß alles, was du aussendest, eine Kurve beschreibt und wie ein Bumerang zu dir zurückkommt; das Gesetz des Überflusses, des freien Willens und der freien Wahl, des Gruppenstrebens, der Manifestation, des Aufstiegs, der Einheit, des guten Willens, der richtigen menschlichen Beziehungen, des spirituellen Wegs, der göttlichen Essenz, des Makro- und des Mikrokosmos; das Gesetz der Rechte, darunter das Recht des eigenen Raumes und das Recht zu prüfen; das Gesetz des Gleichgewichts; das Gesetz der Gnade, welches das Gesetz des Karmas aufhebt; das Gesetz der Identität, der Kausalität (des Karmas) und der göttlichen Liebe und Einheit.

Wenn man sich mit dem göttlichen Fluß bewegt, folgt man dem Geist von Augenblick zu Augenblick und tut nur das, was von Herzen kommt, sich richtig anfühlt oder Interesse und Begeisterung weckt. Laßt den Ernst los, und habt viel Spaß! Es ist Zeit, auf den Strahl der Freude und Liebe aufzuspringen.

10
Channeling, Schutz und die universelle Herausforderung

Vor langer Zeit wurde vereinbart, daß die Aufgestiegenen Sphären des Lichts bestimmte Informationen durchgeben würden, um das Erwachen der Sterngeborenen und Lichtarbeiter auf der Erde anzuregen. Die Aufgestiegenen Meister versprachen, daß sie uns durch verschiedene Formen von Energie, unter anderem auch durch Channeling, Botschaften vermitteln wollten. Diese Arbeit begann in großem Umfang in den dreißiger Jahren und setzt sich bis heute fort. Das Buch *Ein Kurs in Wundern* und die ICH-BIN-Serie (die grünen Bücher) enthalten alle notwendigen Wahrheiten, um von der Erde aufzusteigen. Obwohl viele Menschen schon vorher spirituell erwachten, begannen die meisten erst in den neunziger Jahren zu begreifen, daß sie Teil eines großen Lichtteams sind, das hier ist, um der Erde zu helfen. Im Oktober 1990 wurde ein großes Erwachen ausgelöst, welches sich seit jener Zeit beständig fortgesetzt hat, so daß gegenwärtig die Mehrzahl der Lichtkräfte auf der Erde erwacht ist.

In den letzten Jahren wurden die festgelegten Verhaltensmuster und die starren Glaubenssätze, die sich die Lichtarbeiter seit Beginn ihrer Verkörperungen hier erworben hatten, einer gründlichen Reinigung unterzogen. Viele Lichtarbeiter haben jetzt die Stufe erreicht, wo sie all ihre Aufgaben und Verpflichtungen wahrnehmen können. Es kann sich dabei um eine einzige Aufgabe oder um eine Reihe von verschiedenen Arbeiten handeln. Bei den meisten Aufgaben geht es jetzt darum, die Reinigung des eigenen Selbst loszulassen und sich darauf zu konzentrieren, jenen Menschen zu helfen, die ein neues spirituelles Bewußtsein suchen und sich wieder mit Gott verbinden möchten.

Einige Lichtarbeiter haben sich vor langer Zeit bereit erklärt, Informationen, die das Erwachen fördern, zu channeln oder zu empfangen. Neben jenen Menschen, die diese Aufgabe von Anfang an übernommen hatten, übermitteln jetzt auch andere Wesen die Botschaften.

Zum größten Teil wird wunderschönes, liebevolles Material durchgegeben, doch da sich die Erde im Zustand der Dualität befindet, werden natürlich auch falsche Informationen gechannelt. Wenn du berücksichtigst, daß zwei Energien wirken, dann ist dir klar, daß beide Energien Botschaften senden. Manchmal ist negative Energie nicht offensichtlich oder deutlich zu erkennen. Deine Lektion in Weisheit ist, die verschiedenen Energien zu unterscheiden.

Die Entwicklungsebene der Informationsquelle spiegelt den Reinheitsgrad der Wahrheit wider, die übertragen wird. Je fortgeschrittener die Entwicklung ist, desto umfassender und weiter ist das Bild und desto unverfälschter ist die Wahrheit.

Es gibt dreizehn Dimensionen in diesem Universum, wobei sich die dreizehnte gerade bildet, und jede Dimension hat viele verschiedene Ebenen. Um dieses Konzept zu begreifen, kannst du dir das Universum als ein riesiges Quadrat vorstellen, dessen Fundament mit dichter, langsamer Energie gefüllt ist, die auf dem Weg nach oben allmählich immer feiner wird, bis sie an der Spitze zu reinem Licht wird. An jeder Stelle dieses Quadrates kannst du dir Wesen vorstellen. Die niederen Bandbreiten stellen die dritte und vierte Dimension mit der Astralebene dar, die höchsten die zwölfte und die neue dreizehnte Dimension. Wie du dir leicht vorstellen kannst, ist es schwieriger, schwere, dichte Energie mit dem Blick zu durchdringen. Je lichter und feiner die Energie wird, um so leichter und weiter kann man «schauen». Wenn du weiser wirst und dich in die feineren Ebenen des Lichts begibst, erlaubt dir deine Schwingung, höhere Dimensionen wahrzunehmen. In Wahrheit existieren alle Dimensionen gleichzeitig im selben Raum.

Eine Menge des gechannelten Materials stammt von Wesen aus der Astralebene und der vierten Dimension. Die Aufgestiegenen Meister und die kosmischen Lichtwesen, die wir normalerweise erreichen, befinden sich in der siebten, achten und neunten Dimension. Um die Kommunikation mit uns zu erleichtern, überbrücken die Aufgestiegenen Sphären die Kluft zwischen sich und der dritten Dimension mit der fünften Dimension. Wenn sie jedoch befragt werden, geben sie ihre Position oder Seinsebene mit der Dimension an, von der sie wahrhaftig stammen. Es ist daher immer ratsam, die Seinsebene des Wesens festzustellen, von dem man Botschaften empfängt.

Gechannelte Informationen können, wenn sie durch den Filter der Glaubensmuster, Überlegungen, Meinungen und Gedanken des Menschen sickern, der das Material «empfängt», stark verändert werden. Wenn der Channel wirklich loslassen kann und einfach zuläßt, daß die Mitteilungen durchkommen, ist ein ausreichendes Maß an Reinheit möglich. In der Mehrzahl der Fälle ist sich der Mensch, der als Kanal fungiert, nicht bewußt, daß er das Material durch seine eigenen Muster filtert und damit verändert. Die meisten würden leidenschaftlich leugnen, daß sie etwas anderes weitergeben als genau das, was ihnen übermittelt wurde. Es entspricht sicher nicht ihrer bewußten Absicht, etwas daran zu ändern. Dies kann auf eine so subtile Weise geschehen, daß es vom Channel nicht wahrgenommen wird.

Du hast die Möglichkeit, dein eigenes Channeln zu überprüfen, indem du fragst, welchen Prozentsatz an Genauigkeit du übermittelst. Um eine wahrheitsgetreue Antwort zu erhalten, mußt du zuerst alle starren Überzeugungen aufgeben, die darauf abzielen, daß du eine perfekte Kopie empfängst. Lasse außerdem das Bedürfnis los, daß die Antwort dir bescheinigt, daß du vollkommen richtige Botschaften empfängst. Hier ist Ehrlichkeit mit dir selbst angesagt! Wenn du zugeben kannst, daß Veränderungen möglich sind, wirst du dies in Ordnung bringen können, indem du dich noch ein wenig mehr dem göttlichen Willen überantwortest. Dies wird der Quelle gegenüber eine klarere Linie vorgeben und dir und all jenen helfen, die Botschaften über dich erhalten.

Das universelle Gesetz gestattet dem Geist nicht, Material durchzugeben, das die Entwicklung des Menschen, der als Channel arbeitet, zwingend verändern würde. Der gesamte Inhalt ist auf das gegenwärtige geistige Fassungsvermögen des Menschen begrenzt, einschließlich seiner Bildung und seiner Ausdrucksweise.

Von diesem Vorgehen wird nur dann teilweise abgesehen, wenn der empfangende Mensch bereit ist, als Trancemedium zu arbeiten. In diesem Fall verläßt der Empfänger seinen Körper für die Zeitdauer der Übermittlung, und das Wesen, von dem das Material stammt, tritt ein. Deshalb hat der Channel keine bewußten Erinnerungen an die übermittelten Informationen und ist von deren Inhalt nicht betroffen. Wenn das Medium wissen will, was es während dieses Zeitraumes gesagt hat, muß es die Sitzung auf Tonband aufzeichnen und später abhören. Dieser Vorgang versetzt es in die gleiche Lage wie jeden anderen, der das Material hört. Es gibt einige berühmte Trancemedien wie etwa Daryl Anka, Channel des »Bashar», und Jack Purcell, der «Lazaris» durchgibt. Weil die Botschaften nicht durch den Nebel der Glaubensmuster sickern, werden sie – wie «geliefert» – weitergegeben. Die Stimme des Trancemediums klingt meist ungewöhnlich, weil das eintretende Wesen die Daten in die benötigte Sprache übersetzen und sich dabei der Stimme des verwendeten Körpers bedienen muß. Wenn man sich an diesen «Akzent» gewöhnt hat, wirkt er liebenswert, und außerdem ist es wohltuend, ungefilterte Wahrheiten zu hören. Es ist eine Freude, die Wahrheitsebene einiger Trancemedien zu erleben. Natürlich können negative energetische Kräfte sich ebenfalls jeder Form des Channelings bedienen, auch der Trance.

Jede Form des Channelings ist den Regeln des universellen Gesetzes unterworfen, weshalb Körper und Geist des Trancemediums umfassend geschützt sind. Die Aufgestiegenen Meister benutzen das Trancechanneling meist nicht als Kommunikationsform. Sie scheinen eine bewußtere Teilnahme des Channels vorzuziehen, möglicherweise deshalb, weil wir uns der letzten Phase des irdischen Programms nähern und die Betonung darauf verlagert wird, Verantwortung für das übermittelte Material zu übernehmen und ein selbständiger Meister zu werden. Das soll nicht bedeuten, daß Trancemedien keine Meister werden können, doch sie haben andere Absprachen getroffen. Einige Menschen channeln verbale oder nonverbale Botschaften über ihr Herz. In diesem Fall übermittelt das aufgestiegene Wesen dem Channel eine Energie. Menschen, die lieber mit Hilfe ihres Verstandes handeln, erhalten logisch begründete Informationen. Manche Channel benutzen beide Formen. Sie sind unabhängig voneinander beide nützlich, da einige Menschen auf Liebesenergie reagieren, während andere einen besseren Zugang über logisches Verstehen finden. Ein Mensch, der sich in den Wissenschaften auskennt, kann sehr detaillierte technische Informationen durchgeben. Sowohl die Worte als auch die Gefühle können heilen. Manchmal spüren Menschen die heilenden Energien der Botschaften, wenn sie zu einem späteren Zeitpunkt die Aufzeichnung der gechannelten Sitzung anhören.

Einige Menschen reagieren besser auf eine sanfte, freundliche Stimme, während andere eine eher autoritäre, kraftvolle Stimme bevorzugen, und auch dies wird berücksichtigt, wenn Material durchgegeben wird. Deshalb werden dieselben Botschaften zuweilen mehrere Male durch verschiedene Channel und von unterschiedlichen Aufgestiegenen Meistern übermittelt, da die verschiedenen Energien und Stimmen unterschiedliche Menschen erreichen. Die Wesen der höheren Sphären nehmen all diese Mühen auf sich, um sicherzustellen, daß alle Menschen erreicht und angesprochen werden. Sie wissen zudem, daß unsere Glaubensmuster uns daran hindern können, das Material anzunehmen. Vielleicht hast du selbst schon erlebt, daß manche Menschen eine Kassette nicht anhören konnten, weil sie den Akzent des Sprechers nicht mochten. Möglicherweise sagten sie: «Das kann nicht dieser oder jener sein, der dies durchgegeben hat, weil die Stimme nicht sanft genug klingt», oder «weil er nicht über die gewisse Art von Humor verfügt», oder sogar «weil er keinen Humor hat». (Warum denn nicht?)

Da es nicht viele Channel gibt, die das Material genau so aufnehmen, wie es abgeschickt wurde, wird die Fehlerquote von den höheren Ebenen berücksichtigt. Oft glaubt man, daß es dem göttlichen Plan besser dient, wenn man die Botschaften weiterhin durch eine bekannte Person sendet, denn die Hingabe und die reine Absicht der Mehrheit der Menschen, die sich als Channel zur Verfügung stellen, wird von den höheren Sphären gesehen und geschätzt. In vielen Fällen bedarf es einer Menge Vorbereitung, Arbeit und Mut, um sich zu dieser Tätigkeit bereit zu erklären.

Ein weiterer wichtiger Punkt ist der folgende: Die Tatsache, daß ein Teil des übermittelten Materials wahr ist, muß nicht notwendigerweise bedeuten, daß auch der Rest stimmt. Selbst wenn 98 Prozent der Wahrheit entsprechen, ist es möglich, daß sich in den übrigen zwei Prozent zufällig oder beabsichtigt etwas befindet, was dich völlig verwirrt. Folge stets aufmerksam deiner eigenen inneren Führung! Beherzige diesen Rat bei allen geschriebenen oder gesprochenen Informationen, seien sie gechannelt oder nicht.

Wie immer kannst du leicht herausfinden, ob sich die Botschaft gut anfühlt, ob sie liebevoll, erhebend und heilend wirkt und dir hilft, die Illusion der dritten Dimension hinter dir zu lassen. Um deine Mission zu erfüllen und aufzusteigen, löst du dich gegenwärtig aus der Dichte dieser Dimension. Wenn du dich gefühlsmäßig distanzierst, wirst du merken, daß du in der Lage bist, viel wirkungsvoller zu helfen. Du wirst erkennen, daß du weit besser Hilfe leisten kannst, wenn du auf eine spirituelle Weise mitfühlend und liebevoll handelst, statt dich im emotionalen und mentalen Strudel des niederen Egos zu verfangen.

Einige Botschaften werden mit der Absicht durchgegeben, dich von deiner eigentlichen Aufgabe abzuhalten. Es kann dir beispielsweise jemand die Botschaft übermitteln, du seiest eine besondere Persönlichkeit (oft ein bekannter Aufgestiegener Meister), und dich mit überzeugenden «Beweisen» versorgen, die diese Behauptung absichern. Du glaubst, du habest eine besondere Mission, und schon verstrickst du dich in sinnlosen Unternehmungen. Vielleicht sagt man dir, daß du mit deinem Dasein «die gesamte Energie für den Planeten ausgleichst» und in Stille verharren sollst, ohne etwas zu tun, oder ähnliches. Es ist sehr leicht, solchen Mitteilungen Glauben zu schenken, weil das Ego oftmals entzückt ist. Gewöhnlich klingt eine solche Botschaft so vollkommen korrekt und logisch, daß du wirklich sehr gut unterscheiden können mußt, um die Illusion zu erkennen. Es fällt dir auch deshalb so leicht, daran zu glauben, weil du einer von Millionen Menschen bist, die alle eine besondere Aufgabe haben. Wenn sie nicht von ihrem Ego bestimmt sind, fahren die meisten einfach mit ihrer Arbeit fort. Du brauchst kein Channeling, das dich über die Art deiner Mission unterrichtet. Folge einfach deinen eigenen inneren Gefühlen, die dir begeistert melden werden, wenn sich etwas richtig anfühlt.

Im Augenblick gibt es viele Lichtarbeiter, denen gesagt wurde, sie seien in Wirklichkeit Jesus, St. Germain oder die Braut Christi. Andere erhielten die Botschaft, daß sie ein Kind mit einer außergewöhnlichen spirituellen Bestimmung gebären werden, und vieles mehr. Einigen wurde aufgetragen, dies allen Menschen mitzuteilen, wodurch sie ihre Glaubwürdigkeit und Wirksamkeit als Lichtarbeiter verloren. Anderen dagegen wird gesagt, sie sollten die Information für sich behalten, sich zurückziehen und nichts tun, um sich so auf ein zukünftiges Ereignis vorzubereiten. Es gibt viele Varianten, doch die meisten zielen darauf ab, daß sich der Betroffene als ganz besonderer Mensch fühlt. Wenn jemand darauf hereinfällt, vernachlässigt er seine wirkliche Aufgabe und damit das gesamte Werk. Dies wirkt sich ebenfalls auf die Arbeit anderer Lichtarbeiter aus, da sie die nicht eingehaltenen Vereinbarungen und unerledigten Aufgaben zusätzlich übernehmen müssen. Jeder ist für die Aufgaben, die er freiwillig übernommen hat, gut ausgebildet, und wenn jemand für einen anderen einspringen muß, ist dies nicht leicht für ihn.

Erkenne die Absicht des Channelings, und folge immer deiner eigenen inneren Führung.

Wenn du die gewünschte Klarheit nicht erhältst, dann bemühe dich um eine umfassendere Sichtweise. Frage dich: Was geschieht, wenn dies wahr ist und ich dementsprechend handle? Was geschieht, wenn es nicht wahr ist und ich danach handle? Kann ich etwas tun, was sich für mich richtiger anfühlt? Denke daran: Die Täuschung kann sehr subtil sein, und bevor du es bemerkst, schleichen sich schädliche Muster ein. Sei bereit zuzugeben, wenn du etwas nicht richtig verstanden hast, denn nur dann kannst du es korrigieren. Bist du gerade dabei, etwas nur deswegen zu tun, weil jemand, den du als Autorität anerkennst oder von dem du glaubst, daß er es wissen muß, gesagt hat, daß du zu dieser Aufgabe ausersehen bist? Wenn es wirklich stimmt, wirst du dies tief in deinem Innern spüren.

Hüte dich vor dem Ego. Wenn du ehrlich mit dir bist, ist es ganz leicht, den Unterschied zwischen den Zielen des niederen Ego und des höheren Selbst wahrzunehmen. Bist du begeistert, weil dies wirklich deinem Weg entspricht, ohne daß du an dich und deine Wünsche denkst? Fühlt es sich richtig an, damit zu arbeiten, um der Menschheit noch wirkungsvoller zu dienen? Oder stammt die Begeisterung vom Ego, weil diese Tätigkeit mehr Liebe, Ruhm oder Ehre in dein Leben bringt? Frage dich, ob du diese Aufgabe auch dann noch ausführen wolltest, wenn absolut niemand jemals wissen würde, daß du sie geleistet hast.

Sei bereit, tief in dich zu gehen, und sei ehrlich zu dir. Wenn du herausfindest, daß der Impuls vom Ego stammte, dann bediene dich der notwendigen Disziplin, um dich wieder der Führung deines höheren Selbst zu unterstellen.

In diesen Zeiten großer Veränderungen trifft man auf Menschen mit den unterschiedlichsten entwicklungsbedingten Standpunkten, die alle auf ihre besondere Art und Weise die Geburt des Neuen Zeitalters unterstützen. Während sich die große Mehrheit in Liebe und mit guter Absicht einsetzt, gibt es einige wenige, deren Hauptabsicht das Geldverdienen ist. Vielleicht leiten einige vom Standpunkt des Egos aus Seminare und halten Vorträge. Erlaube einfach, daß sich diese Menschen entwickeln, liebe sie wie Kinder, die noch lernen müssen, und erkenne, daß es recht wenige sind. Auch dies ist eine wunderbare Gelegenheit für dich, dich in Unterscheidungsvermögen und bedingungsloser Liebe zu üben und ein Meister zu werden. Wir können von jedem Menschen lernen.

Heutzutage werden Seminare angeboten, die den Menschen helfen wollen, sich dem Channeln zu öffnen. Auf diesem Gebiet ist dein Unterscheidungsvermögen wirklich nötig. Gewöhnlich stellt sich die Fähigkeit, Zugang zu bestimmten Energien oder zur Akasha-Chronik zu erhalten, multidimensional, hellhörig oder hellsichtig zu werden oder sich auf höhere Wahrheitsebenen einzustimmen, rechtzeitig bei dir ein. Du wirst erleben, daß du vom Geist jede Fähigkeit, die du wirklich brauchst, bekommst. Es mag sein, daß der Geist deine Aufmerksamkeit auf ein bestimmtes Seminar, eine Technik oder ein Buch lenkt, etwas, das dich begeistert und sich richtig anfühlt. Solche Gefühle werden dir den Weg zeigen, den du wählen kannst, um die gewünschte Fähigkeit zu erwerben. Stelle sicher, daß es der Geist ist, der die Begeisterung in dir weckt, und nicht das Ego.

Wenn du an einem Seminar teilnimmst oder eine Technik anwendest, wodurch du in telepathischen oder anders gearteten Kontakt mit nichtverkörperten Wesenheiten trittst, dann sei dir bewußt, daß es deine Verantwortung ist zu erkennen, ob dieses Wesen wirklich für das Licht arbeitet. Außerdem möchtest du bestimmt sicherstellen, daß es von der höchsten Ebene stammt, die du erreichen kannst.

Du kannst überall und immer frei entscheiden, auch darüber, welchen Wesen du Zutritt zu deinem Raum gewährst. Führer, Engel und Meister – sie alle müssen deine Wahl respektieren! Erwarte deshalb nicht, daß sie dich korrigieren, wenn du dich in deiner Einschätzung geirrt hast. Es wäre klug, wenn du nicht davon ausgingest, daß das, was dir erzählt wird, unbedingt wahr sein muß. Die Person, die das Seminar leitet, mag die besten Absichten verfolgen, doch möglicherweise versteht sie wenig vom universellen Gesetz und hat die Quelle, von der sie Mitteilungen erhält, nicht genügend geprüft. Selbst wenn sich diese Bereiche vollkommen im Licht befinden, bleibt dir immer noch die Verantwortung für alle Handlungen, die du unternimmst. Du bist ein Meister. Wenn du nicht als Meister handelst, der seinem inneren Wissen vertraut, dann verfällst du leicht dem Glauben, andere müßten schließlich wissen, was sie tun, worauf du ihnen blindlings folgst.

Unterstelle dich der höchsten göttlichen Ordnung. Leite dies dadurch ein, daß du deine ICH-BIN-Gegenwart anrufst. Wenn du dein Unterscheidungsvermögen benutzt und das universelle Recht zu prüfen anwendest, kannst du wundervolle Mitteilungen von Wesen der höchsten Ebene empfangen. Solltest du spüren, daß du jemandem Raum gegeben hast, den du nicht länger dulden willst, kannst du ihn entfernen. Verbinde dich zuerst mit deiner ICH-BIN-Gegenwart, und handle, ohne dich in Gedanken oder Gefühlen zu verlieren. Dann befiehl diesem Wesen im Namen Gottes zu gehen und niemals wiederzukommen. Wiederhole dies dreimal. Vielleicht mußt du die Vereinbarung, die du irgendwann mit ihm getroffen hast, ganz offiziell auflösen. Hab keine Angst. Du hast die Kontrolle über dein Leben. Niemand kann über dich bestimmen, ohne daß du es so entscheidest.

Schutz

Wenn du dich nur auf das Licht konzentrierst, bist du immer geschützt. Wenn du allerdings nicht vollkommen frei von negativen Gedanken und Mustern bist, dann besteht die Möglichkeit, daß du Störungen anziehst.

Besinne dich auf deine Kraft, und bewege dich furchtlos. Wir sind alle Kinder Gottes, und während du auf dem Pfad des Lichts gehst, umgibst du dich mit reinem Licht.

In Situationen, in denen du spürst, daß du zusätzlichen Schutz brauchst, kannst du die folgenden Techniken anwenden:

1. Rufe dreimal den goldenen Christusstrahl an. Du kannst dir direkt Zugang dazu verschaffen, oder du kannst deine ICH-BIN-Gegenwart bitten, diesen Strahl für dich hervorzurufen. Beispiel: «Im Namen Gottes rufe ich meine mächtige ICH-BIN-Gegenwart an, sich um meines vollkommenen Schutzes willen in den goldenen Christusstrahl zu begeben.» (Wiederhole diesen Satz noch zweimal). Sage dann: «So sei es. Es ist getan», um diesen Vorgang im Jetzt zu verankern. Die Farbe Gold, der zehnte Strahl, ist ein wunderbar schützender Schild.
2. Jeder kann sich mit seiner ICH-BIN-Gegenwart verbinden, indem er sie, nachdem sein Geist sich beruhigt hat, wie oben beschrieben anruft. Je mehr du mit deinem ICH-BIN verbunden bist, um so leichter gewinnst du Zugang zu den höheren Sphären. Du kannst die Aufgestiegenen Meister und die kosmischen Wesen sowohl einzeln als auch in der Gruppe in jedem Fall um Hilfe bitten. Wenn du die höheren Sphären um Unterstützung bittest, dann erinnere dich daran, daß du ein Meister bist, der nicht das Bedürfnis verspüren würde,

um Unterstützung zu flehen oder zu betteln. Für einen Meister ist es natürlicher, seiner Bitte Nachdruck zu verleihen. Denke an einen Menschen, dessen Gemütsverfassung von Betteln und Flehen bestimmt ist. Du erkennst zweifellos, daß er sein Leben nicht sehr wirkungsvoll beeinflußt.

3. Das Zeichen des Kreuzes, die Namen «Jesus» und «Gott» oder jeder andere seit langem gebräuchliche Name für Gott und die göttliche Schöpfung – sie alle besitzen starke schützende Kräfte. Du kannst dir vorstellen, daß du von Kreuzen umgeben bist. Vergiß nicht das Kreuz unter dir!
4. «Kodoish, Kodoish, Kodoish» ist ein machtvolles altes Schutzgebet. Es bedeutet «Heilig, heilig, heilig».
5. Tauche dich und dein gesamtes aurisches Feld in Licht. Schätze intuitiv, wie weit sich dieses Feld ausdehnt. Visualisiere, daß goldenes und weißes Licht hindurchströmen.
6. Du kannst deine Engelführer um Hilfe bitten. «Durch göttliche Verfügung und im Namen Gottes ermächtige ich meine Engelführer, mich vollkommen zu schützen.» (Wiederhole dies dreimal.)
7. Verwende das Recht zu prüfen, und nutze es in machtvoller Weise mit der dir übertragenen Autorität – als ein Meister.
8. Brich alle Vereinbarungen, die du irgendwann mit der Wesenheit oder der Situation getroffen hast, mit der du dich jetzt auseinandersetzt. «Im Namen Gottes, im Einklang mit dem universellen Gesetz und dem Gesetz der Gnade breche ich hiermit alle Vereinbarungen, die ich mit dir / mit dieser Wesenheit getroffen habe, die negativ sind und sich nachteilig auf mich und meinen Dienst für Gott auswirken.» (Wiederhole dies dreimal.)
9. Rufe den Erzengel Michael vom blauen Strahl des göttlichen Willens an, daß er mit dem flammenden Schwert

Excalibur alle Verbindungen zwischen dir und dem Wesen durchtrennt, das deinen Frieden stört und deinen Dienst für Gott behindert. Auch hier ist es erforderlich, dreimal zu bitten.

10. «ICH-BIN» für immer eingehüllt in den Frieden, den Schutz, die Sicherheit, die Liebe, die Weisheit, die Macht, die Unterstützung und die Freiheit des «göttlichen Lichts, das nie versagt».
11. «ICH-BIN, der ICH BIN.» «ICH BIN die Gegenwart, der sich niemals etwas entgegenstellt.» (Wiederhole dies immer wieder.)
12. Visualisiere den Erzengel Michael, der dich mit dem blauen Strahl des göttlichen Willens umgibt. Wiederhole die folgende Affirmation als Meister, der die Macht gebraucht, die ihm Gott verliehen hat: «Erzengel Michael zur Linken, Erzengel Michael zur Rechten, Erzengel Michael oben und Erzengel Michael unten. Erzengel Michael neben mir, wohin ich auch gehen mag.»
13. Bilde aus gereinigten Kristallen, die du intuitiv ausgewählt hast, und vier weißen Kerzen einen Kreis und setze dich hinein. Trage weiße Kleidung, und sitze auf weißen Unterlagen.
14. Das Ewigkeitssymbol, die liegende Acht, hat unglaubliche Macht. Benutze sie, um all deine Handlungen für immer zu versiegeln. Du kannst sie dir auch in Gold vorstellen. Benutze sie intuitiv, um sicherzustellen, daß du alles richtig machst. Nutze sie jedoch ausschließlich im Dienste Gottes und in bedingungsloser Liebe. Die meisten Symbole verfügen über ihre eigene ihnen innewohnende Macht. Nutze intuitiv alle Symbole, von denen du dich angezogen fühlst, und vermeide jene, bei denen du keine Liebe spürst, wenn du sie anschaust. Man sagt, daß das ägyptische Ankh und das Swastika-Zeichen mögliche Abwandlungen von Kreuz und Kreis sind. Denke daran, daß das gleichschenklige Kreuz lange

vor dem Kreuz der Kreuzigung verwendet wurde. Einige ägyptische Symbole haben energetisch eine dunkle Geschichte.

15. Im allgemeinen schützt du dich am besten, wenn du deine eigenen Schwingungen auf eine Ebene hebst, die keine Störung von niedrigeren Stufen zuläßt. Um dies zu erreichen, mußt du sicherstellen, daß sich höherfrequente Energien in deinem Umfeld befinden. Folgende Dinge werden dir dabei helfen: Trage weiße oder pastellfarbene Kleidung; spiele friedliche, hochschwingende Musik; zünde weiße Kerzen an; gebrauche Essenzen und essentielle Öle; verweile in Stille; nimm Schaumbäder; iß frische, leichte Nahrung in kleinen Mengen; beleuchte dein Zuhause entweder durch Sonnenlicht oder elektrisches Licht; trinke viel gutes, natürliches Wasser; benutze so viele natürliche Produkte wie möglich, einschließlich Shampoo und Zahnpasta; tu das, was dir Spaß macht; sieh dir fröhliche Filme an; lache; trage Farben, die dir stehen; liebe dich selbst; lächle; erkenne, daß du ein lohnender, wertvoller Mensch bist; gehe in die Natur hinaus; suche Wasserfälle auf; benutze Möbel aus hellem Holz; halte dein Zuhause in Ordnung; organisiere deine Buchhaltung; triff dich mit fröhlichen Freunden; betrachte Sonnenuntergänge und Sterne; liebe alle Wesen; umarme Menschen; liebe die Tiere; geh gut mit dir um; stelle Blumen in die Vase, und halte Topfpflanzen; mähe deinen Rasen, und halte deine Blumenbeete in Ordnung. – Vermeide folgendes: alle Orte mit dichter Schwingung; alte, schwere Möbel; dunkel gestrichene Häuser und Büromöbel; Filme, in denen Gewalt vorkommt; dunkle Kleidung; Zeitungen und Fernsehnachrichten; eine chaotische Umgebung; das Aufbewahren alter Papiere und Gegenstände; schwere Mahlzeiten; vorgefertigte Nahrungsmittel; Chemikalien und negative Menschen.

16. Wenn du wirklich in Schwierigkeiten geraten bist, dann verwende, ganz gleich, wie groß die Verzweiflung sein mag, das Mantra OM (AUM). Die Macht dieses heiligen universellen göttlichen Klangs, der im Universum für Gleichgewicht und Harmonie sorgt, wird auch dir wieder zu einem ausgeglichenen friedlichen Zustand verhelfen: Laß los, und laß zu, daß der Geist die Angelegenheit so lange in die Hand nimmt, wie es dauert, um sie wieder ihrer korrekten Frequenz und Kraft zuzuführen. Selbst wenn du mitten in einem psychotischen Zusammenbruch glaubst, verrückt zu werden, oder wenn du vor geistiger Erschöpfung fast zusammenbrichst, wird dich dieser Klang aus jenem Zustand wieder herausführen.

Vielleicht hast du von einer Gruppe gehört, die man die «Grauen» nennt. Dabei handelt es sich um Wesenheiten, deren Erscheinungsform grau ist und die «Zeta Reticuli» heißen. Es gibt bereits ausführliche Berichte darüber, wie diese Wesen zum Zwecke medizinischer Versuche Menschen entführt haben. Eine der ehemaligen amerikanischen Regierungen schloß mit den Zetas ein Abkommen, welches jenen gestattete, als Gegenleistung für technische Informationen eine bestimmte Anzahl von Amerikanern zu verschleppen. Die Zetas brachen später das Abkommen, indem sie viel mehr Menschen in ihre Gewalt brachten als abgesprochen und ihre Entführungen auf die Bewohner anderer Länder ausdehnten. Ursprünglich war das amerikanische Volk deshalb ausgewählt worden, weil es aus vielen verschiedenen Nationalitäten verschmolzen ist, wodurch die Struktur der Chromosomen verändert und gestärkt wurde. Die Zetas nahmen einige Menschen mit, und nachdem sie ihnen Gewebe- und Flüssigkeitsproben entnommen hatten, brachten sie sie wieder zurück. Andere wurden auf den Planeten der Zetas verschleppt und mußten dort bleiben. Die Zetas suchten durch die Entführungen eine Lösung ihrer eigenen

Schwierigkeiten: Ihr Volk war schwach geworden und brauchte eine starke genetische Auffrischung. Die Kombination von menschlichen Genen mit den ihren sollte sie widerstandsfähiger machen. Das Ergebnis dieses Projekts, das – von unserer Warte aus betrachtet – noch in der Zukunft liegt, war erfolgreich, denn daraus entstanden intelligente, mitfühlende Wesen, die man «Essasani» nennt. Einige dieser Wesen aus der Zukunft helfen der Erde gegenwärtig bei ihrer Geburt ins Licht. Wenn man verstehen will, wie das möglich ist, muß man berücksichtigen, daß Zeit eine Illusion ist, und das Konzept des «ewigen Jetzt» heranziehen. Es gibt zu allem ein übergeordnetes Bild.

Obwohl die Entführungen sehr unangenehm waren, geschahen sie immer mit Zustimmung der betroffenen Personen, was jenen jedoch gewöhnlich nicht bewußt war. Das Kidnapping setzte in aller Regel einen großen Teil verdrängter Ängste frei. Oft war dies der Grund, warum die Betroffenen dieser Erfahrung ursprünglich zugestimmt hatten. Alles im Universum geschieht aufgrund von Vereinbarungen, die oft vor der Inkarnation oder auf einer höheren Ebene getroffen wurden und deshalb nicht bewußt erinnert werden. Einige Zeitschriften verbreiten auch heute noch Angst und Hoffnungslosigkeit wegen der Zetas. Das Projekt der Verschleppungen ist zum gegenwärtigen Zeitpunkt abgeschlossen, abgesehen von einigen Gebieten, wo die Bewohner diese Realität aus Angst immer noch selbst erschaffen. Erkenne, daß sich manche Menschen gerne wichtig machen, indem sie Furcht erzeugen. Glaubensmuster und Ängste müssen losgelassen werden! Wenn jemand befürchtet, daß er eine solche Vereinbarung getroffen haben könnte, oder glaubt, er würde vielleicht in Kontakt mit diesen Wesen treten, dann kann er diese Sorge loslassen. Es reicht aus, die Vereinbarung zu brechen, wie ich es im achten Schutzschritt (siehe oben) beschrieben habe.

Du bist viel entwickelter und weiser und hast mehr Fähigkeiten und mehr Macht, als du zu träumen wagst. Allein in dieser Inkarnation und besonders in den letzten Jahren hast du erreicht, daß jene niederen feinstofflichen Körper, welche die Emotionen und Gedanken entfalten, umfassend gereinigt wurden. Auch wenn du glaubst, daß du diese Aufgabe nicht gut bewältigt haben kannst, weil du größere emotionale Ausbrüche erlebst, kann es sehr wohl sein, daß du damit die letzten, ganz tiefliegenden Gefühle befreist. All diese Klärungsarbeit hat bewirkt, daß deine Schwingungsrate jetzt viel feiner und lichter ist. Auf dieser entwickelten Stufe kannst du möglicherweise auf Techniken verzichten, die dir vor einigen Jahren noch sehr nützlich waren. Es ist wichtig, daß du deinen neuen Seinszustand anerkennst. Wenn du nicht erkennst, wo du dich gegenwärtig befindest, besteht die Möglichkeit, daß du eine höhere Fähigkeit – zum Beispiel ein größerer innerer Abstand – für ein Problem hältst, das bearbeitet werden muß.

Techniken, die dir nützen, fühlen sich für dich richtig an. Häufig mußt du dafür nur einen Bruchteil der Zeit veranschlagen, die du einst brauchtest. Wenn du Techniken anwendest, die dir nicht länger angemessen sind, wirst du deine Schwingungsrate verlangsamen. Deine Chakren schwingen jetzt beispielsweise viel schneller und auf einem viel höheren Ton. Sie stimmen nicht mehr mit dem alten Dichtemuster oder Ton überein. (Jede Schwingung verfügt über ihre eigene Farbe und ihren eigenen Ton.) Du hast außerdem fünf neue, höhere, unterschiedlich aktive Chakren, die dich auf die höheren Dimensionen einstimmen und die auf die tieferen Energiezentren abgestimmt werden müssen. Wenn du deiner Intuition lauschst, wird sie dich darauf aufmerksam machen, falls dir etwas angeboten wird, was dir nicht zuträglich ist. Hab dann keine Angst, dich zu melden und zu sagen, daß du dies lieber nicht tun willst, weil es sich nicht richtig anfühlt. Es ist besser, etwas nicht zu tun, als zu hoffen, daß es schon klappen wird.

Wenn du dich verkörperst, verbleibt dein höheres Selbst in einer höheren Dimension, wo es leicht Zugang zu tieferen Wahrheitsebenen erhält. Hattest du dich vor deiner Mission auf dieser Erde beispielsweise bis zur fünften Dimension entwikkelt, kann sich ein Aspekt oder Teil deiner selbst in der fünften Dimension aufhalten, ein anderer in der vierten und dein Körper natürlich in der dritten. Je höher der Aspekt, um so umfassender ist das Bild und um so reiner die Wahrheit.

Dieses Muster gilt für alle Aufgestiegenen Meister, die Erzengel, die Weiße Bruderschaft und alle anderen höheren Wesen, und so können sich viele ihrer Aspekte in der dritten Dimension befinden. Es ist möglich, daß Menschen, die sich für einen bestimmten Meister halten, tatsächlich ein Aspekt dieser Wesenheit sind. Das würde bedeuten, daß sie künftig entscheiden könnten, sich wieder mit diesem höheren Teil ihrer selbst zu vereinen. Dasselbe geschieht, wenn sich Menschen mit ihrer ICH-BIN-Gegenwart verbinden. Das Gefühl, das du bei dieser Vereinigung hast, kann man am besten so beschreiben, daß du dir deiner Identität noch genauso bewußt bis wie zuvor, doch diese umfaßt jetzt nicht mehr nur den inkarnierten Teil deiner selbst, sondern dein wahres, ganzheitliches Selbst. Dieser Prozeß ist von einem unglaublichen Gefühl absoluter Freiheit, vollkommener Stärke und allumfassender Liebe begleitet. Du wirst dich großartig fühlen. Natürlich besteht kein Grund, sich vor diesem Vorgang zu fürchten. In der reinen Wahrheit der Welt Gottes geschieht alles durch Liebe und ist für dich immer annehmbar.

Wenn du weißt, daß jedes Wesen über verschiedene Aspekte verfügt, mußt du in Betracht ziehen, daß sich der Aspekt des Wesens, das sich dir als Aufgestiegener Meister zu erkennen gibt, möglicherweise in der vierten, fünften oder sechsten Dimension befindet. Das Wesen ist vollkommen berechtigt, diesen Namen zu führen, weil es der Wahrheit entspricht. Da es sich nicht verkörpert hat, ist es gegenwärtig nur unter dieser Identität bekannt. Wenn du feststellen willst, auf welcher Ebene sich der Aspekt befindet, mit dem du Kontakt aufgenommen hast, mußt du danach fragen. Es gibt eine bestimmte Methode, dies zu tun, die ich kurz darstellen werde.

Neben den wahren Aufgestiegenen Meistern des Lichts existiert eine falsche Hierarchie. Zu jedem Meister gibt es einen Betrüger aus den niederen Dimensionen, der dessen Namen verwendet. Dieser gibt falsche Informationen weiter, erteilt falsche Anweisungen in Hinsicht auf die Missionsaufgaben und löst Angst aus. Wenn du fragst, warum dies zugelassen wird, dann bedenke, daß alle Wesen über einen freien Willen und freie Wahl verfügen. Die falsche Hierarchie wäre bedeutungslos, wenn jeder wirklich prüfen würde. Es gibt Menschen, die das Neue Zeitalter blindlings schlecht beurteilen, weil sie die falsche Hierarchie, die negative Energien verwendet, nicht erkannt haben. Du erhältst auf alle Fragen liebevolle, verständnisvolle Antworten, wenn du der Stimme Gottes im eigenen Inneren lauschst.

Das Recht zu prüfen ist ein Teil des universellen Gesetzes. Es ist richtig und ratsam, ein anderes Wesen nach seiner Absicht oder Identität zu befragen. Du mußt die Frage dreimal im selben Wortlaut stellen. Das universelle Gesetz erfordert, daß die Frage wahrhaftig beantwortet wird. Wenn du prüfen willst, ob das Wesen, mit dem du in telepathischem Kontakt stehst, wirklich von einer höheren Dimension stammt, stellst du die Frage dreimal und erwartest drei bestätigende Antworten.

Verwende dazu immer Worte, die mit der Macht Gottes verbunden sind. Ein Beispiel dafür könnte sein:

«Im Namen Gottes, des Schöpfers des Universums, frage ich dich, bist du ein wahrer Meister des Lichts?» oder «Bist du St. Germain?»

«Ja», «Ja, ich bin es», «Ich bin» oder «Ich bin St. Germain» (oder ähnliches) sind mögliche Antworten.

Wiederhole deine Frage zweimal im genauen Wortlaut. Wenn du dreimal dieselbe bestätigende Antwort erhältst, kannst du sicher sein, daß es sich um ein Wesen aus einer höheren Dimension handelt.

Oft ist die klarste Antwort ein einfaches «Ja» oder «Nein». Du kannst um diese Form der Antwort bitten. Wenn die Antwort lautet: «Ich bin», dann paß auf, daß am Ende kein leises «nicht» folgt.

Dann kannst du feststellen, in welcher Dimension sich die Wesenheit befindet, indem du etwa folgende Frage stellst:

«Im Namen des höchsten göttlichen Lichts frage ich dich: In welcher Dimension befindest du dich, und warum suchst du Kontakt zu mir?» Wiederhole all diese Fragen dreimal.

Es reicht nicht aus zu fragen: «Gehörst du zum Licht?» Viele boshafte Wesen in den astralen Ebenen gehören zum Licht, werden dir aber spaßeshalber trotzdem Botschaften übermitteln, die dich in die Irre führen.

Wir raten dir, folgende Antworten nicht zu akzeptieren: «Dies ist ein Test. Du mußt es selbst wissen», oder «Ich kann beweisen, daß ich dein Führer / Meister bin. Ich kann dir alles aus deinem Leben sagen.» Fast jeder ist fähig, sich diese Informationen zu verschaffen, indem er sich auf dein Schwingungsfeld einstimmt oder die universelle Chronik liest. Du solltest auf drei bestätigenden Antworten bestehen.

Selbst wenn du regelmäßig mit einem Wesen kommunizierst, solltest du diese Fragen so lange stellen, bis du dessen Schwingung wirklich kennst. Es mag dir ein wenig lästig erscheinen, doch es ist der Mühe sehr wohl wert. Außerdem erwartet, begrüßt und wünscht die Hierarchie des Lichts diese Vorgehensweise, denn sie weiß, daß die Angelegenheiten des Lichts auf der Erde große Fortschritte machen könnten, wenn alle Lichtarbeiter prüfen und unterscheiden würden.

Wenn du bisher nicht so vorgegangen bist, kannst du deine eigenen Führer und die seit langem bestehenden Verbindungen zu nichtverkörperten Wesen für den Fall überprüfen, daß sie dich in die Irre führen. Höchstwahrscheinlich sind die Wesen, mit denen du kommunizierst, wirklich wunderbar und wollen helfen. Wenn sie tatsächlich dem Licht angehören, werden sie es begrüßen, daß du in diesem Bereich verantwortlich handelst. Lichtwesen werden sich auf keinen Fall angegriffen fühlen oder ärgerlich auf diese Prüfung reagieren. Laß dich nicht beirren, wenn jemand versuchen sollte, deshalb Schuldgefühle in dir zu wecken. Das universelle Gesetz existiert zum höchsten Wohle des Universums.

Jedes Wesen hat seine eigene besondere Schwingung, und deshalb erkennen wir einander auf der spirituellen Ebene. Die Zeit wird kommen, wo du spürst, daß du das Wesen identifizieren kannst, mit dem du in Verbindung stehst. Wenn du damit vollständig zufrieden bist, kannst du die Prüfung überspringen.

Abgesehen von der Prüfung wirst du dich in erster Linie immer um die Wahrheit bemühen und wirst dementsprechend prüfen, ob sich die Botschaft, die du erhältst, wahr anfühlt; nur dann wirst du sie akzeptieren. Das wichtigste beim Channeling und beim Schützen ist, daß du dir deiner Fähigkeit bewußt bist, intuitiv alles zu begreifen, was du zu wissen wünschst.

Je multidimensionaler du wirst, um so unmittelbarer wirst du die Wahrheit direkt von der Quelle und nicht über ein bestimmtes Wesen oder eine Energie erfahren. Es ist für dein Erwachen oder deine Entwicklung nicht wichtig, ob du fähig bist, telepathische Botschaften zu channeln. Es ist nur notwendig, daß du Licht empfängst.

Du kannst mit Leichtigkeit alles in Erfahrung bringen, was für deine Aufgabe wichtig ist, wenn du dich einfach wieder mit der Quelle verbindest, wo dir jede Wahrheit zugänglich wird. Wenn du als Geist handelst, wird dir in jedem Augenblick all das zur Verfügung stehen, was du für dein höchstes Wohl benötigst.

Du bist ein Meister, der sich im reinen Lichte göttlichen Dienstes in Hingabe an Gott bewegt. Du bestimmst jeden Aspekt deines Lebens. Geboren durch bedingungslose Liebe bist du unbesiegbar und kannst allein durch die sanfte Besinnung auf deine Macht mit allen Kräften des Universums umgehen.

11

Zwillingsflammen, Seelenpartner – und die Rückkehr nach Hause

Die *Zwillingsflamme* oder *die göttliche Ergänzung* ist deine andere Hälfte. In der Vergangenheit haben wir dazu «Seelenpartner» gesagt, heute müssen wir den Begriff neu definieren, da beides existiert. Das Wort «Zwilling» hat nichts mit der physischen Geburt von Zwillingen zu tun. An einem gewissen Punkt ihrer Entwicklung teilt sich jede Seele in eine weibliche und eine männliche Energie und setzt ihr Lernen auf zwei verschiedenen Wegen fort. Du nimmst vielleicht an, daß dir dein Zwilling sehr ähnlich ist, doch es ist ganz anders. Die beiden lernen in völlig unterschiedlichen Bereichen, so daß sie, wenn sie sich schließlich wieder vereinen, beide über die Erfahrungen verfügen, die jeder einzeln für sich gewonnen hat. Sie ergänzen einander. Nach der Trennung voneinander treffen sie sich nur sehr selten, manchmal auch in physischer Form. Der Hauptgrund für solche Treffen besteht darin, dem anderen den bereits erreichten Entwicklungsgrad zu offenbaren. Dieses Lernen wird so lange fortgesetzt, bis jeder der beiden Zwillinge alle Erfahrungen gesammelt hat, die in dieser getrennten Form erworben werden können. An diesem Punkt fühlt sich jedes Wesen ausgeglichen, ist sich selbst genug und empfindet kein großes Bedürfnis mehr, sich mit einem Zwilling oder einem anderen Menschen zu verbinden.

Bei den höher entwickelten Seelen ist es ganz normal, daß nur einer der beiden Zwillinge im selben Zeitraum verkörpert ist. Der andere inkarniert sich gewöhnlich nicht, weil er die Energie seines Zwillings auszugleichen hilft. Dies erleichtert dem verkörperten Teil das Leben. Die gegenwärtige Inkarnation ist für die «alten Seelen» die letzte auf diesem Planeten. Heutzutage denken viele Menschen: «Hoffentlich ist das meine letzte Verkörperung!» Außer einigen wenigen, die nach der Transformation der Erde eine weitere Inkarnation auf ihr beabsichtigen, wünscht die Mehrheit, in höhere Sphären aufzusteigen. Da die Menschen auf der Erde friedlich zusammenleben werden, ist eine Unterstützung durch die Kräfte des Lichts nicht mehr notwendig. Wenn du beim bloßen Gedanken an eine weitere Inkarnation hier aufstöhnst, dann ist es unwahrscheinlich, daß du dich dafür entschieden hast zu bleiben. Du kannst die Antwort immer ganz leicht finden, indem du dich fragst: «Läßt dies mein Herz singen oder sinken?» Da die Seele in dieser Inkarnation alles zur Vollendung bringen will, muß sie ihre Energien umfassend ausgleichen. Deshalb ist es gegenwärtig noch wichtiger als sonst, daß sich nur ein Zwilling verkörpert. Nur vier Prozent aller Zwillinge leben gleichzeitig auf diesem Planeten – und das oft an zwei unterschiedlichen Orten. Dieser Prozentsatz ist bei jenen Seelen etwas höher, welche die Lernerfahrungen, die durch die Trennung vom Zwilling gewonnen werden können, noch nicht alle gesammelt haben. Wenn sich Zwillinge treffen, ist ein umfangreicher Energieausgleich nötig, weshalb sie nicht oft in physischer Form zusammen sind.

Vielleicht bist du traurig darüber, daß dein Zwilling nicht gleichzeitig mit dir verkörpert ist, weil du dein Leben gerne mit ihm teilen würdest. Dies weist möglicherweise darauf hin, daß du deine eigene Unvollkommenheit spürst. In Wirklichkeit teilst du dein Leben mit ihm, wenn auch nicht in physischer Form. Erkenne, daß Empfindungen wie Bedürfnisse, Verlust, Zeit und Raum aus der dritten Dimension stammen. Der Gedanke, daß du nur mit jemandem zusammensein kannst, wenn er einen sichtbaren Körper hat, stammt nicht vom Geist. Alle Zwillinge sind energetisch miteinander verbunden, doch die Intensität hängt davon ab, ob du erwacht bist und auf der entsprechenden Frequenz schwingst. Viele stehen in telepathischem Kontakt miteinander. Es gibt kein göttliches Gesetz, das jemanden daran hindert, sich vollständig mit seinem Zwilling auszutauschen. Du kannst deine ICH-BIN-Gegenwart oder einen Aufgestiegenen Meister bitten, dir dabei zu helfen.

Die Liebe zwischen den Zwillingsflammen kann in irdischer Sprache nicht beschrieben werden. Es ist ein absoluter Zustand bedingungsloser Liebe, und es übersteigt die Möglichkeiten eines verkörperten Wesens, sich diese unglaubliche Ebene der Liebe vorzustellen oder diese in vollem Umfang zu erleben. Nachdem man sich hier so oft verkörpert hat, ist es zuweilen schwer, die Großartigkeit jener Liebe zu erfassen. Es ist die absolute Liebe. Stelle dir darüber hinaus eine Situation vor, wo du einen Menschen so vollkommen kennst und verstehst, daß nichts, was er tut oder sagt, dich jemals aufregen kann, weil du den unendlichen Pfad, der euch beide bis hierher geführt hat, vollkommen klar vor dir siehst.

Im weiteren haben wir meist zwischen sechs und zwölf *Seelenpartner* – die von uns meistgeliebten Wesen aus unserer Kernseelenfamilie, mit denen wir uns häufig während vieler Leben in sehr engen Beziehungen inkarnieren. Sie sind oft unsere Eltern, Lebenspartner, Geschwister und engen Freunde, die uns bei unserem Lern- und Wachstumsprozeß außerordentlich unterstützen. Weil zwischen Seelenpartnern große Liebe herrscht, werden sie oft fälschlicherweise für Zwillingsflammen gehalten. Doch während nicht viele Zwillinge gemeinsam inkarniert sind, verkörpern sich mit jedem Lichtarbeiter mehrere seiner Seelenpartner, und vielen ist bestimmt, beieinander zu sein. In dieser letzten physischen Inkarnation helfen viele Seelenpartner einander, die tieferen Gefühlsebenen, die befreit werden müssen, ans Licht zu bringen. Oft braucht es jemanden, der dem anderen so nahe steht wie ein Seelenpartner und der diesen auf so innige Weise liebt, daß er tief in dessen Seele eindringt, um die verdrängten Bereiche ins Licht zu heben. Wenn sanftere Methoden dies nicht erreichen, ist es manchmal notwendig, daß der eine Seelenpartner den anderen verläßt. Das kann vernichtend wirken und erscheint gewöhnlich allen Betroffenen unverständlich, da die hohe Ebene der Liebe zwischen beiden offensichtlich ist. Deshalb urteilen sowohl der verlassene Partner wie die verschiedenen Freunde und die Familie oft hart darüber. Trotzdem ist es ein großer Akt der Liebe, zu dem sich meist nur Seelenpartner bereit erklären. Wenn du das größere Bild betrachtest, wirst du die absolute Notwendigkeit eines solchen Schrittes erkennen. Dieses größere Bild bringt die Zwillingsflamme, die Vollendung der irdischen Inkarnationen und den eigenen Aufstieg ins Spiel.

Alte Seelen

Getrennt von ihrem Zwilling sind die Missionare lang und weit gereist. Für alle «alten Seelen» ist diese Reise jetzt zu Ende, und eine längere Trennung ist nicht mehr notwendig. Die Zwillinge vereinen sich wieder miteinander und werden ihren Lernprozeß und ihre Entwicklung durch die höheren Dimensionen gemeinsam fortsetzen.

Die Sterngeborenen machen nur einen bestimmten Prozentsatz der alten Seelen aus, die auf der Erde verkörpert sind. Alle alten Seelen hier beenden ihre letzte physische Inkarnation – für immer! Wenn ein anderes Planetensystem in Zukunft Unterstützung braucht, werden andere zur Stelle sein, die diese Lernerfahrung machen wollen.

Nachdem die außerordentlich schöne Stufe des Aufstiegs erreicht worden ist, werden die Zwillingsflammen diesmal für immer vereint. Jetzt können sie tun, was immer sie wünschen, auch nach Hause zurückkehren. Der Begriff «Zuhause» hat für die einzelnen Wesen verschiedene Bedeutungen, weil sich jedes unterschiedlich entwickelt. Ganz gleich, wo sich dieser Ort befinden mag, ob es eine Dimension, ein Planet, eine Galaxis, ein anderes Universum oder die Rückkehr zum Thron Gottes bedeutet – es ist jene Stelle im Herzen, die dir tief innen ein unglaubliches Gefühl von Richtigkeit und Wärme bereitet.

Vielleicht gab es Augenblicke in deinem Leben, wo die Erinnerung an diesen Ort geweckt wurde und du tiefe Sehnsucht, Traurigkeit oder den starken Wunsch empfandest, irgendwo an einem Platz zu sein, den du bewußt nicht wirklich fassen oder beschreiben konntest.

Die anderen Missionare

Jene Mitglieder der Kräfte des Lichts, die keine «alten Seelen» sind, werden sich bei ihrem Aufstieg ebenfalls mit ihren Zwillingsflammen verbinden. Der Unterschied besteht darin, daß sie nach einer bestimmten Zeit den großen Vorteil erkennen, den beide daraus ziehen, wenn sie die Lernerfahrungen zum Abschluß bringen, die sie nur vollenden können, wenn sie getrennt sind. Sie werden sich also wahrscheinlich für einen gewissen Zeitraum wieder trennen, bis diese Aufgabe erledigt ist, und sich dann ebenfalls für immer vereinen. Dies trifft nur für einen Teil der Kräfte des Lichts zu. Die Spanne, die für die Vollendung des Lernens vorgesehen ist, kann sehr kurz sein. Im Sinne der höchsten Wahrheit gibt es natürlich weder Zeit noch Trennung. Die Periode der Trennung der Zwillinge entspricht dem allgemeinen Entwicklungsmuster für die restliche Menschheit, die ebenfalls noch Lernerfahrungen sammeln muß, die nur getrennt erworben werden können.

Die Kräfte des Lichts auf der Erde

Wenn sich alle Missionare des Lichts die Voraussetzungen für den Aufstieg erworben haben (Kapitel sechs) und alle Missionsaufgaben und Vereinbarungen vollendet sind, vereinen sie sich mit ihren Zwillingsflammen, ihren göttlichen Ergänzungen, und machen den Aufstieg gemeinsam. Sie unterziehen sich einem Prozeß, der «Aufstiegsflammen» genannt wird; eine Transformation durch Lichtenergie findet statt. Der Aufgestiegene Meister Serapis Bey wacht über die Aufstiegszeremonie, welche die weiße Energie der Reinheit des fünften Strahls nutzt.

Es kann sein, daß ihr – du und dein Zwilling – beschließt, anschließend an eure irdische Missionsarbeit unglaublich lange Ferien zu machen (etwa eine oder zwei Ewigkeiten lang). Die abgrundtiefe Müdigkeit und Erschöpfung, die du am Ende dieser langen Mission empfinden magst, wird allerdings verschwinden, wenn du deine Ermächtigung annimmst und dem Aufstieg zustrebst. Du spürst diese Erschöpfung besonders jetzt, weil sie an die Oberfläche steigt, um losgelassen zu werden. Wenn die Müdigkeit verschwindet, bedeutet das natürlich nicht, daß du eine neue Mission beginnen sollst. Einige «alte Seelen» stöhnen auf, wenn sie nur an eine weitere Mission denken. Sie spüren wahrscheinlich, daß sie einen langen Zeitraum vollkommenen Friedens brauchen. Denke daran, daß die Wahrheit begeistert. Wenn dich also der Gedanke an eine weitere Mission nicht begeistert, ist auch vorerst keine weitere Mission für dich geplant.

Da sich die gesamte Schöpfung augenblicklich in der fünften Dimension oder darüber befindet, kannst du buchstäblich alles erschaffen. Wenn ihr beide – du und dein Zwilling – ein paar hundert Jahre (oder fünf Minuten) in einem wunderbaren tropischen Inselparadies mit atemberaubenden Sonnenuntergängen über herrlichen Meeren in den erlesenen Farben der höheren Dimensionen verbringen wollt, dann ist die Umsetzung der Vorstellung in die Wirklichkeit nur einen Gedanken weit entfernt. Wenn du statt dessen nach Hause gehen oder neue Möglichkeiten des Dienens ausfindig machen willst, dann wird sich auch dies verwirklichen.

Wenn du es träumen kannst, kannst du es auch erhalten.

12
Zehn Schritte zu Gott

Du wirst alle Aufgaben zu Ende bringen, die dein Lebensziel auf der Erde betreffen.
Du wirst alle Vereinbarungen einhalten, die du mit anderen getroffen hast.
Du wirst mit Leichtigkeit erkennen, welche Lektionen du lernen mußt.
Du wirst all deine Energien ins Gleichgewicht bringen – auch dein Karma –, wenn dies nötig sein sollte.
Du wirst in jedem Augenblick über alle Fähigkeiten und Kräfte verfügen, die du brauchst.
Dein Leben wird positiv, fröhlich, lohnend, erfüllt und voller Liebe sein.
Du wirst zu einem multidimensionalen Meister.
Du wirst all deine niederen feinstofflichen Körper ins Licht heben.
Du verkörperst die göttlichen Eigenschaften, die du in diesem Leben auf der Erde offenbaren willst.
Du wirst deine Mission vollenden.
Du wirst deinen Aufstieg erlangen und dabei eine so überwältigende innere Freude und Begeisterung empfinden, wie sie größer nicht sein kann.
Du wirst dich mit deiner Zwillingsflamme vereinen.
Du wirst, wenn du willst, nach Hause zurückkehren.

Dies alles wirst du verwirklichen, wenn du die folgenden Schritte ausführen kannst:

1. *Stelle ein Gleichgewicht zwischen Himmel und Erde her.* Dies wird dir gelingen, wenn du weder abhebst noch dich zu stark erdest. Im abgehobenen Zustand kannst du nicht wirklich aufnehmen, was im «Jetzt» geschieht. Du bist einfach nicht genügend präsent, um alles hier wahrzunehmen. Außerdem wirst du Schwierigkeiten bei der Bewältigung des täglichen Lebens haben, und wahrscheinlich hast du deinen Alltag nicht organisiert. Den Menschen in deiner Umgebung bleibt dies nicht verborgen. Wenn die anderen merken, daß du nicht imstande bist, deine Verabredungen einzuhalten und du dauernd deine Sachen verlegst, glaubst du, daß du ihnen dann ein Vorbild bist? Wenn du auf der anderen Seite zu sehr geerdet bist, hast du Schwierigkeiten, die feineren, höheren Energiefrequenzen zu erreichen, die den Zugang zu den spirituellen Sphären ermöglichen. Die Lichtarbeiter sollen den Weg bereiten und den anderen mit ihrer Liebe und ihrem Licht als Leitstern dienen. Dies kannst du nur dann verwirklichen, wenn du ein ausgeglichenes Leben führst. Du brauchst dieses Gleichgewicht außerdem für den Aufstieg.
2. *Lebe im Augenblick.* Verliere dich nicht mit deinen Gedanken in der Vergangenheit. Wenn deine Aufmerksamkeit immer wieder von Vergangenem angezogen wird, mußt du dir vielleicht bestimmte Erfahrungen erneut ins Bewußtsein rufen, um sie ins Licht zu entlassen. Möglicherweise glaubst du, daß die Gegenwart unbefriedigend ist, doch das liegt meist daran, daß du dich nicht wirklich darauf einläßt. Wenn du dich in Gedanken immer wieder mit der Zukunft beschäftigst und häufig darüber nachdenkst, was morgen, nächste Woche oder in einem Monat sein wird, bist du auch nicht im Jetzt. Wenn du nicht in der Gegenwart lebst, kannst du die Gelegenheiten, die sich dir in jedem Augenblick bieten, um dein Wachstum zu unterstützen, gar nicht erkennen.

3. *Höre auf, dich, andere Menschen und Situationen zu kritisieren.* Wenn du urteilst oder Kritik übst, dann sei dir bewußt, daß du das übergeordnete Bild nicht siehst. Du kannst dich über die augenscheinliche dreidimensionale Wirklichkeit erheben und erkennen, daß alles, was du wahrnimmst, eine Lektion für dich ist. Es wird dir nichts angetan! Du bist kein Opfer, sondern du bewirkst die Dinge, die dir zustoßen. Zeige Mitgefühl und erkenne, daß jeder, einschließlich deiner selbst, sein Bestes tut, um die Daten, die ihm zu diesem Zeitpunkt seiner Entwicklung zur Verfügung stehen, so gut wie möglich einzusetzen. Erkenne, daß du nur bedingt liebst, wenn du urteilst oder kritisierst.
4. *Erkenne mit absoluter Gewißheit, daß du deine Wirklichkeit und deine Welt selbst erschaffst.* Dieses Gesetz kennt keine Ausnahme. Wenn du die Realität, daß du ein Meister bist, affirmierst und dir der Tragweite dieser Affirmation wirklich bewußt bist, dann wird sich alles, was nicht zu dieser Realität gehört, auflösen. Du erschaffst ohne Ausnahme alles, was mit dir und um dich herum geschieht. Jeder Mensch, jeder Umstand, jedes Ereignis und jede Situation – sie alle existieren in deinem Leben, weil sie gut für dich sind und weil du sie, aus welchen Gründen auch immer, zu brauchen scheinst. Du mußt den Grund nicht kennen; danach verlangt nur der Verstand. Vertraue einfach, daß es so sein muß, und lebe im Jetzt; sei bereit, alles wahrzunehmen, was sich für dich «zu sagen und zu tun gut anfühlt». Es ist sehr leicht für uns zu glauben, daß wir unsere eigene Realität erschaffen, wenn unser Leben störungsfrei verläuft. Eine weit größere Leistung ist es dagegen, denselben Standpunkt zu vertreten, wenn die Dinge nicht so gut stehen. In Wahrheit sind alle Erfahrungen neutral. Wir sind es, die entscheiden, ob eine Erfahrung «gut» oder «schlecht» ist. In diesem Bereich werden wir häufig geprüft, um zu testen, ob wir fähig

sind, auch dann einen spirituellen Standpunkt einzunehmen und bedingungslose Liebe zu empfinden, wenn die Situation schwierig wird. Du wirst immer mit Zustimmung deiner ICH-BIN-Gegenwart und zu deinem höchsten Wohl geprüft.

5. *Folge, ohne zu zögern, deiner Begeisterung.* Begeisterung ist das Schlüsselgefühl, dem du folgen mußt. Dieses Gefühl trägst du in deiner inneren Blaupause, damit es dir die Richtung deines Weges weist. Auf diese Weise zeigt dir der Geist, ob etwas für dich richtig ist. Singt dein Herz oder sinkt es?
6. *Übernimm Verantwortung für jeden Gedanken und jede Tat. Sage, was du meinst, und meine, was du sagst.* Gedanken und Worte haben viel Macht. Wenn du dich deiner Meisterschaft wieder erinnerst und deiner Verbindung mit Gott näherkommst, wächst die Macht deiner Worte beständig an, und du mußt sehr sorgfältig mit ihnen umgehen. Außerdem wird der Zeitraum zwischen dem gedachten Gedanken und seiner Manifestation auf der physischen Ebene aufgrund der zusammenbrechenden Zeit immer kürzer. Dies wird im Laufe der Zeit immer deutlicher, damit jeder erkennen kann, daß er seine eigene Realität tatsächlich erschafft. In der Dimension, auf die sich dieser Planet zubewegt, gibt es keine «Zeit», und deshalb manifestiert sich jeder Gedanke augenblicklich. Mit dieser Wahrheit muß sich jeder vertraut machen. Die Menschen werden bald durch persönliche Erfahrungen begreifen, daß ihre eigenen Gedanken das erschaffen, was in ihrem Leben geschieht. Sei positiv und streiche alle negativen Gedanken. Worte haben Macht, und das Wort «streichen» tut genau das, was es aussagt. Eine andere Möglichkeit, mit negativen Gedanken und Energien umzugehen, ist, sich vorzustellen, daß violettes Licht den verletzenden Satz, den unklaren Bereich oder die als unangenehm empfundene Person durchströmt.

Damit nutzen wir den violetten Strahl der Freiheit, der negative Energie in positive umwandelt.

7. *Behalte die Kontrolle über alle niederen Körper.* Das bedeutet, daß du fortfahren sollst, den physischen, den emotionalen (Gefühle), den mentalen (Gedanken) und den niederen spirituellen Körper (Ego) zu reinigen. Sie müssen in Vorbereitung auf die vor uns liegenden Lichtdimensionen auf noch höhere Frequenzen angehoben werden. Alle verdrängten Gedanken und Gefühle aus dieser und aus früheren Inkarnationen werden jetzt an die Oberfläche steigen, um ins Licht entlassen zu werden. Dabei handelt es sich um all jene Gedanken und Gefühle, die du dir vielleicht deswegen, weil sie zu traumatisch und schmerzhaft waren, nicht anschauen konntest. So blieben sie im «Dunkel», in dicht schwingender Energie, begraben. Wenn man etwas im Licht vollkommener Wahrheit betrachtet, bildet sich die exakte Kopie des Ereignisses in seiner eigenen Zeit und seinem Raum und verschwindet. Es steht dann nicht als Erinnerung, sondern als Wissen, einem Aspekt der fünften Dimension, zur Verfügung. Während diese Gedanken und Gefühle an die Oberfläche steigen, erkenne, daß du die Umstände geschaffen hast, die notwendig waren, um sie bewußtzumachen und schließlich loszulassen. Wenn du möchtest, kannst du dir den Inhalt anschauen, doch meist ist das nicht notwendig. Laß die Umstände einfach los. Es wäre unklug, sie noch ein weiteres Mal zu begraben, da du sonst eine weitere Situation erschaffen wirst, um sie wieder zurückzuholen. Denke daran: Sobald in diesem Universum ein leerer Raum entsteht, wird dieser wieder aufgefüllt. Deshalb ist es wichtig, daß du den Raum, den du von Negativität befreit hast, mit Licht anfüllst.
8. *Erlaube dem Ego, mit dem Geist zu verschmelzen.* Die Identität der im Ego inkarnierten Seele verschmilzt jetzt mit

dem Geist. Die ICH-BIN-Gegenwart verbindet sich mit dir. Laß es geschehen.

9. *Liebe bedingungslos.* Als Geist zu lieben bedeutet, alles zu lieben – alle Lebensformen im gesamten Universum. Damit sind nicht nur deine Familie und deine Freunde gemeint, sondern alle Menschen, Tiere, Insekten, Pflanzen, Bäume, Mineralien, jeder Wassertropfen, jedes Sandkorn, jeder Kiesel, jeder Grashalm und alles Leben, das in Gottes Schöpfung existiert. Gott ist in allem. Es ist tatsächlich möglich, alles auch dann bedingungslos zu lieben, wenn man noch auf der Erde inkarniert ist. Es gibt keinen Grund, der gut genug wäre, jemandem die bedingungslose Liebe zu entziehen. Es spielt keine Rolle, was jemand gesagt oder getan hat. Wenn du nicht liebst, dann beherrscht dich auf einer bestimmten Ebene die Furcht, doch wenn du jeden liebst, dann kann in deinem Leben auch nur vollkommene Liebe herrschen. Ich meine das Gesetz der Anziehung: Das, was du aussendest, beschreibt eine Kurve und kehrt wie ein Bumerang zu dir zurück. Manchmal geschieht so etwas augenblicklich, doch auch wenn mehrere Inkarnationen dazwischenliegen, geschieht es letztlich immer.
10. *Glaube und vertraue.* Vertrauen in Gott / Alles-was-ist / das universelle Bewußtsein und den universellen Prozeß, der für all deine Bedürfnisse sorgt, ist wahrscheinlich der schwierigste Schritt für uns. Die meisten von uns erarbeiten sich den Weg zu vollkommenem Vertrauen und Glauben in kleinen Schritten. Doch noch vor deinem Aufstieg wird dir dieser Schritt in vollem Ausmaß abverlangt.

Vielleicht stöhnst du jetzt und glaubst, diese Dinge nie erreichen zu können, doch du kannst und wirst es tun. Du bestimmst den Zeitpunkt. Beginne einfach mit Disziplin. Verwirkliche jetzt die Schritte, zu denen du dich imstande fühlst, und im nächsten Augenblick die nächsten. Bald werden sich diese Augenblicke vereinen, und dein Leben wird mit dem natürlichen göttlichen Strom aller Dinge fließen. Jeder Moment, den du im göttlichen Fluß verbringst, wird dich innerlich froh und zufrieden machen. Du wirst einen Punkt erreichen, wo dies so offensichtlich wird, daß du am Schwinden der Freude augenblicklich merkst, wenn du diesen Fluß verläßt.

Wir streben alle in jedem Bereich unseres Lebens nach einem vollkommenen Gleichgewicht: dem Ausgleich zwischen dem männlichen und dem weiblichen Aspekt in uns, dem Herzen und dem Verstand, dem physischen, emotionalen, mentalen und niederen spirituellen Körper, der rechten und der linken Gehirnhälfte, den karmischen Energien, Unschuld und Weisheit; wir sind auf der Suche nach einem harmonischen Leben, unbeeindruckt von den äußeren Umständen – dem Leben auf der physischen Ebene –, während man die Einheit mit Gott bewahrt. Du stehst diesem vollkommenen Gleichgewicht wahrscheinlich näher, als du glaubst. Selbst wenn einige traumatische Situationen auftreten sollten und du spürst, daß starke Emotionen in dir aufsteigen, dann sei dir bewußt, daß sie wahrscheinlich die letzten Stufen deiner Vollendung bedeuten.

Wenn sich das Ego mit dem Geist vereint und deine persönlichen Wünsche dem Dienst für andere weichen, wirst du großen inneren Frieden erleben. Während du dich der Harmonie der universellen Einheit näherst, verschwinden die Kämpfe des Lebens. Liebe und Freude, von vielen lebenslang gesucht, sind plötzlich im Überfluß da, und du empfindest großes Glück und Zufriedenheit, weil du dich endlich wahrhaft befreit hast.

Sei wie Gott, diene in liebevoller, ausgewogener Weise, und folge in jedem Augenblick der Begeisterung des Geistes. Erkenne, daß das Göttliche die Ursache von allem ist. Sei ein Meister und gib dich Seiner Macht in totalem Glauben und Vertrauen an die absolute Liebe und Makellosigkeit der ganzen Schöpfung vollkommen hin.

13
Laßt uns Licht sein!

Laßt uns Licht und Liebe werden, die allen Menschen als Leitsterne dienen, damit sie ihnen vertrauensvoll folgen und sich wieder mit ihrer göttlichen Quelle verbinden können.

Laßt uns lachen, Spaß haben und uns daran erinnern, daß das Leben keine Bürde ist, sondern reine Freude. Es liegt nur an dir!

Laßt uns erkennen, daß wir nur Kanäle für das göttliche Licht sind. Die Hilfe, die wir geben, stammt nicht von unserem inkarnierten Ego, sondern von Gott, von Allem-was-ist oder wie wir diesen auch immer nennen mögen. In aller Demut stellen wir unsere Persönlichkeit zur Verfügung, um in unserer eigenen, unvergleichlichen Art und Weise zu helfen.

Wir wollen uns vom Kopf ins Herz begeben, denn erfahrungsgemäß läßt uns der Verstand im Kreise gehen, wohingegen uns das Herz nach Hause führt. Laßt uns die Begriffe «sollte» und «müßte» meiden, da sie vom Verstand stammen. Statt dessen wollen wir im «Jetzt» bleiben und die intuitive Antwort des Herzens, das Gefühl der Richtigkeit, erspüren, im Vertrauen darauf, daß sich unsere Verbindung zu Gott offenbart und uns dorthin führt, wo wir am besten helfen können.

Wir wollen jedem Menschen dankbar sein, mit dem wir zu tun hatten. Wir wollen ihm aus tiefstem Herzen dafür danken, daß er bereit war, uns jene Dinge widerzuspiegeln, die wir lernen mußten. Laßt uns erkennen, daß wir alle Situationen und alle Menschen nur aus zwei Gründen anziehen: Zum einen zeigen sie uns die Bereiche, in denen wir noch bedingungsloser lieben müssen, zum anderen offenbaren sie jene positiven Eigenschaften, die wir an uns noch nicht erkannt haben.

Laßt uns nur positive Gedanken verbreiten und diszipliniert an dieser Gewohnheit festhalten, da wir erkannt haben, daß wir um so sorgfältiger mit unseren Gedanken umgehen müssen, je mehr wir unser wahres Selbst verwirklichen.

Wir wollen uns und andere nicht bewerten, denn jeder versucht auf seine Weise zu lernen und Erfahrungen zu sammeln, um dieses Wissen allen zur Verfügung zu stellen. Wenn es nur eine einzige Möglichkeit gäbe, etwas zu tun, gäbe es auch nur einen einzigen Menschen.

Wie nie zuvor wollen wir Licht zur Erde leiten und den ganzen Planeten darin einhüllen. Laßt uns vollkommen zu unserer Wahrheit stehen – furchtlos bereit, alles auszusprechen, was intuitiv von Herzen kommt. Wir wollen die sein, die wir in Wahrheit sind!

Wir, denen die Gabe des Lehrens verliehen wurde, wollen unser Entgelt so gestalten, daß wir viele erreichen. Wir wollen alle ermutigen, sich auf ihre Aufgabe zu besinnen, Meister zu sein und die Wahrheit in sich selbst zu suchen.

Wir wollen alles genau prüfen und uns mit dem Licht verbinden. Du kannst auf vielerlei Weise lernen und möchtest deine Energien wahrscheinlich mit jenen Menschen vereinen, welche die gleichen Ziele verfolgen. Urteile über niemanden, und liebe alle Menschen bedingungslos.

Wir wollen dem höheren Aspekt Gottes in uns vertrauen und darauf bauen, daß alles gut ist und der göttlichen Ordnung entspricht. Laßt uns immer daran denken, daß wir unsere Wirklichkeit mit allen Erfahrungen, die wir machen, selbst erschaffen, um unserem höchsten Wohl zu dienen.

Laßt uns die volle Verantwortung für unsere Taten und Gedanken nicht nur auf der Erde, sondern im ganzen Universum und in allen Dimensionen übernehmen, denn jede Handlung verbindet uns mit allen Sphären und allen Wesen. Doch wir wollen uns gleichermaßen daran erinnern, daß Verantwortung keine schwere Bürde ist, sondern Freude, die ganz natürlich entsteht, je mehr wir unser wahres Selbst verwirklichen.

Wir lassen nicht zu, daß unser Heilungsprozeß mechanisch abläuft. Indem wir dem Strom der göttlichen Energie erlauben, uns zu durchfluten, ermöglichen wir dem Fluß der Intuition, uns in jedem Augenblick zu führen.

Wir wollen bereitwillig alles loslassen, was nicht wirklich zu uns gehört. Wir erlauben allen verdrängten Gefühlen und Gedanken, an die Oberfläche zu steigen, und ermöglichen es dem mentalen und dem emotionalen Körper, mit dem Geist zu verschmelzen.

Wir wollen uns der anderen Reiche bewußt werden, mit denen wir die Erde teilen. Die herrliche Welt der Mineralien, die wunderbaren Pflanzen und die großen Ozeane – sie alle geben uns durch ihre erlesenen Schwingungen ungezählte Möglichkeiten zur Heilung. Laßt uns auch an die Welt der Elementale denken, die die Erde für uns bewahren.

Wir wollen anderen Menschen dabei helfen, ihr Bewußtsein für unsere kostbare Tier- und Insektenwelt zu Lande und zu Wasser zu öffnen; sie muß geliebt und gepflegt werden. Laßt uns unsere Welt in Liebe mit allen Geschöpfen Gottes teilen.

Laßt uns in Lauterkeit nur das aussprechen, was wir als Wahrheit empfinden, wobei wir deutlich werden lassen, daß es sich dabei nur um die von uns wahrgenommene, um unsere individuelle Wahrheit handelt. Jeder soll nur das anerkennen, was seinem Herzen stimmig erscheint, und behaglich bei der dreifaltigen Flamme der Liebe, der Macht und der Weisheit sitzen, die in uns allen wohnt.

Wir wollen uns nicht auf eine dreidimensionale Wirklichkeit beschränken. Laßt uns immer höher schauen, um das übergeordnete Bild und die göttliche Ordnung in allen Dingen zu sehen.

Laßt uns den Aufgestiegenen Sphären des Lichts, den Engeln und den Führern dankbar sein, die nie aufhören, uns – meist unerkannt – die Geschenke ihrer Energie, Gegenwart und Liebe zu übermitteln. Wir wollen unsere starren Glaubensmuster, wann, von wem und in welcher Weise uns die universelle Wahrheit offenbart werden muß, aufgeben. Seid euch bewußt, daß jeder auf seine individuelle Weise empfängt und daß es keinen festgelegten oder richtigen Weg gibt. Vielleicht ist es das Engelreich, oder es sind die Aufgestiegenen Meister des Lichts, die dich in einer Weise erreichen, die dir am besten liegt.

Laßt uns lernen, die Macht und die Wahrheit, die uns allen verliehen wird, wenn wir unseren Dienst für das Licht aufnehmen, in der richtigen Weise zu gebrauchen. Sage, was du meinst, und meine, was du sagst.

Laßt uns erkennen, daß unser Dasein auf der Erde wahrlich ein Geschenk der Gnade ist. Seid euch bewußt, daß wir hier leicht einen Ort des Friedens, der Freude, der Liebe und der Erfüllung manifestieren können, wenn wir begreifen, daß nicht unser Wille gilt, sondern Sein Wille – wie im Himmel so auf Erden.

Mögen goldene Regenbogen deinen Weg nach Hause erhellen.

ANHANG

Anmerkung für die Gruppe der Erwecker

Ein Teil des irdischen Missionsteams

Dieser Abschnitt ist einer ganz bestimmten Gruppe von Sterngeborenen gewidmet, um ihnen zu versichern, daß sie nicht allein sind und daß auch andere ihre Erfahrungen teilen.

Der folgende Text wird wahrscheinlich nur für eine spezielle Gruppe, die sich bereit erklärt hat, spezielle Aufgaben zu übernehmen, bedeutsam sein. Auch wenn die anderen Gruppen großartige spirituelle Erfahrungen machen und umfassend geprüft und geklärt werden, nähern sie sich ihrer Multidimensionalität sanfter und liebevoller als das Team der Erwecker. (Da diese viele schockierende Erfahrungen sammeln mußten und ihr Leben alles andere als anmutig verläuft, hörst du sie jetzt vermutlich ungläubig aufstöhnen.) Es ist äußerst wichtig, daß die Mehrheit der Kräfte des Lichts einen sanfteren Klärungsweg beschreitet, da sie mit einer solchen sanften Route quasi eine Landkarte zeichnet, nach der die gesamte Menschheit aufsteigen kann. Die Manifestation dieser Blaupause bedarf äußersten Feingefühls, da ein Muster aus sanften, beständigen, aufeinanderfolgenden Schritten entwickelt werden muß, das um den ganzen Planeten herum einen breiten Lichtweg schafft. Diese Schritte werden die Menschheit zu ihrem neuen Entwicklungsziel führen.

Jedes Missionsteam muß die ihm aufgetragenen Tätigkeiten ausführen, welche alle gleichermaßen wichtig für das Gelingen des übergeordneten Plans sind. Die Gruppe der Erwecker willigte ein, den Prozeß mit ganz bestimmten Programmen zu unterstützen. Obwohl auch einige andere Gruppen an den folgenden Ereignissen mitgewirkt haben mögen, werden die meisten erkennen, daß sie an einer überwiegenden Anzahl dieser Tätigkeiten nicht beteiligt waren.

Die Mehrheit dieser Gruppe erklärte sich bereit, im Jahre 1990 zu erwachen und sich bis dahin an den ausgemachten Orten einzufinden. Einige erwachten früher, die meisten jedoch im Oktober jenes Jahres. Das Erwachen bezieht sich in diesem Falle auf die Erinnerung an die irdische Mission, nicht auf das spirituelle Erwachen, das sich in den meisten Fällen viel früher ereignete.

Jedes Mitglied dieses Teams, das nicht schon vollständig erleuchtet war und alle niederen Körper geklärt hatte, mußte sich einer größeren Reinigungs- und Erweckungsprozedur unterziehen. Dies betraf viele Mitglieder der Gruppe.

Die einzelnen Mitglieder des Erweckerteams machten viele unterschiedliche Erfahrungen. Das hing sowohl von der Klärungs- und Einweihungsstufe ab, die sie vor ihrem Erwachen erreichten, als auch von besonderen Vereinbarungen mit ihrer ICH-BIN-Gegenwart. Jeder verband sich mit seiner ICH-BIN-Gegenwart, damit sie ihre Aufgaben bewältigen konnten, und sie wurden von ihr durch Einweihungen geführt, durch welche sie an einen Punkt gelangten, wo sie ihre Meisterschaft wiedergewannen. Obwohl die meisten Erwecker von der Astralebene gestört wurden, beeinflußten höhere Dimensionen den weitaus größeren Zeitraum dieser Periode. In dem Zustand, in dem du dich befandest, konntest du gewöhnlich nicht viel «sehen», sondern du nutztest Ebenen des Wissens und der reinen Mathematik.

Diese Gruppe von Erweckern fühlte sich gewöhnlich bei der Vorbereitung ihrer Aufgaben «ins kalte Wasser geworfen», da so vieles gleichzeitig in wenigen Wochen, Monaten oder Jahren geschah. Sie erwachten oft ganz plötzlich und dramatisch, indem sie mit ihrem höheren Selbst, anderen Aspekten ihres Seins und der ICH-BIN-Gegenwart verschmolzen und alle niederen Körper intensiv reinigten und ins Gleichgewicht brachten. Sie mußten damit fertig werden, jäh in eine multidimensionale

Welt geschleudert zu sein und in vielen Dimensionen gleichzeitig bewußt handeln zu müssen. Ohne Bedürfnis nach Essen oder Schlafen nutzten sie die Energien des reinen Lichts und betraten die magische Welt des Wissens und der Genauigkeit höherer Mathematik. Auf vielfältige Weise damit verbunden waren Schlachten, die sich über Galaxien, ja selbst Universen ausdehnten, und Schmerzen in den vier niederen Körpern, die man im ganzen Universum nicht für möglich gehalten hätte. Die Erwecker waren vierundzwanzig Stunden am Tag dem Angriff von Wesenheiten ausgesetzt, wobei alles in den emotionalen, mentalen und niederen spirituellen Körpern an die Oberfläche gezerrt und in Fetzen ins Universum geschleudert wurde.

Gleichzeitig fand eine ganze Reihe von Einweihungen und größeren Prüfungen statt, die Ausdauer, unglaubliche Hingabe und Konzentration auf das Licht erforderten. Während man versuchte, mit den Aufgestiegenen Sphären des Lichts in eine positive Verbindung zu treten, geriet man unweigerlich an die falsche Hierarchie der Dunklen Herren (ohne dies für gewöhnlich zu merken) und mußte sich mit den Betrügern vom türkisfarbenen Strahl auseinandersetzen, mit ihren großangelegten Täuschungsmanövern, Fehlinformationen und Versuchen, uns in der blaugrünen Farbe gefangenzuhalten. Im Buch *Die Winde der Wahrheit*, das von St. Germain 1966 übermittelt wurde, heißt es: «Hüte dich vor der blaugrünen Farbe, dem unteren Strahl, der von den Dunklen Herren stammt.» Das bedeutet nicht, daß du diese Farbe nicht tragen kannst. Wenn du dich jedoch bestärkt fühlst, dich oft in dieser Farbe zu kleiden oder dich mit ihr zu umgeben, dann mag es sich auszahlen, genau zu überprüfen, woher dieses Gefühl oder die Anweisung stammen. Wenn sie dir durch Channeling übermittelt wurden, gibt es wahrscheinlich einen plausiblen Grund dafür. Die strikte Anwendung der universellen Prüfung wird die Quelle jedoch bald ausfindig machen.

Obwohl viele Zwillingsflammen gegenwärtig nicht verkörpert sind, ist es möglich, daß du deiner Zwillingsflamme während dieser Periode ganz kurz begegnet bist. Dieses Treffen endete meist mit dem Tod des Zwillings. Du mußt einsehen, daß der Verlust der Zwillingsflamme vorherbestimmt war und daß dich der Verlust und der furchtbare Schmerz, der ihrem Tod folgte, befähigte, deinen Emotionalkörper von allen traumatischen Erfahrungen dieser und früherer Inkarnationen zu klären. Diese erschütternde Zeit intensivsten Kummers wurde durch die Erkenntnis verschlimmert, daß du deinen Schmerz nicht ins Universum schreien durftest, ohne Unheil anzurichten. Viele lernten rasch, sich der quälenden Pein gefahrlos zu entledigen, indem sie sie still äußerten oder sich der Mathematik bedienten, um die Energie des Schmerzes in strategisch sichere Mengen aufzuteilen und loszulassen. Alle, die sich jetzt Sorgen machen, daß sie möglicherweise Leid verursacht haben, bevor sie das richtige Verfahren kennenlernten, können sich beruhigen: Die Energien wurden absorbiert und von anderen Wesen in positive Formen umgewandelt.

Jene Sterngeborenen, die diese Szenarien durchlebt haben, wissen, daß sie anderen Menschen nicht zu vermitteln sind. Diese machtvolle, das Leben erschütternde, erstaunliche Erfahrung zog sich oft über Monate oder Jahre hin, in denen unglaubliche Ereignisse einander mit Lichtgeschwindigkeit ablösten. Während dieser Periode multidimensionaler Vorbereitung handeltest du durch die Gnade Gottes im Zustand des Wissens und in vollkommener Einheit mit gottgegebenen Kräften. Du vereintest dich mit deinem Lichtkörper, begabst dich in die erlesene Feinheit der Schwingung reinen Lichts, wurdest selbst zu dieser Schwingung und erlebtest die Schöpfung auf der Ebene der reinen Ideen.

Vielleicht hast du die Erfahrungen, von denen ich gleich berichte, selbst gemacht oder hast andere bewältigt, die hier nicht erwähnt werden. Viele Dinge, die auf der konzeptionellen Ebene existierten, können nicht in unserer Sprache ausgedrückt werden, andere sind immer noch geheim, und so geschehen unzählige Dinge in einer so raschen Geschwindigkeit, daß man sie unmöglich alle aufzählen kann.

Folgende Erfahrungen waren möglich:

Du hast mit dem wichtigsten atlantischen Kristall unter dem Meer kommuniziert und seine Programmierung korrigiert; du hast die besonderen Farbkombinationen der Aura deiner ICH-BIN-Gegenwart mit ihren erlesenen goldenen und silbernen Mustern verwandt, um dich zu schützen; du hast alle silbernen und goldenen Schnüre wahrgenommen; du hast das Gitternetz der Erde ausgerüstet, indem du mathematische Berechnungen anstelltest und den Mikrokosmos nutztest, um den Makrokosmos darzustellen (du hast einen kleineren Raum programmiert, um einen größeren beeinflussen zu können); du hast deinen gegenwärtigen Aufenthaltsort, deine Wohnung oder dein Haus als Grenze der mathematischen Programmierung benutzt; du hast Kristalle und Wesen in den dichteren Teilen des Erdinneren betreut; du bist mit bestimmten Aspekten deiner selbst verschmolzen und hast dich von anderen getrennt; du hast dich mit den anderen Mitgliedern deines Teams über eine besondere, vorher vereinbarte Frequenz verständigt; du wurdest scheinbar oder tatsächlich an andere Orte der Erde teleportiert (absolut unglaublich!); du hast dich in den Dimensionen der Schöpfung aufgehalten, wo jeder Gedanke zu hundert Prozent positiv sein muß (das ließ dir nicht viel Handlungsspielraum!); du hast erlebt, wie die Grenzen der äußeren Universen zusammenbrachen, um die neue dreizehnte Dimension vorzubereiten; du hast den Atem des Universums angehalten; von einer ätherischen Ebene aus hast du deine verdrängten Traumata aus vergangenen Leben und die deines Zwillings oder anderer Mitglieder deiner Gruppe losgelassen; du hast alte atlantische Programme in der Gegenwart aktiviert, indem du deinen alten großen atlantischen Körper verwandtest; du hast die schwierige Aufgabe bewältigt, die entsprechenden Programme ausfindig zu machen, die notwendig waren, um die Aufgaben anderer Mitglieder zu übernehmen; du hast dabei geholfen, Menschen zum Ferienlager auf dem Orion zu bringen; du hast dich in der Zeit vor- und rückwärts bewegt, indem du genaue zeitliche Berechnungen anstelltest und die Zeittunnel benutztest; du bist mit Zeit- und Raumverwerfungen konfrontiert worden; du hast störende Wesenheiten in die Galaxis 634 umgesiedelt, damit sie, wenn die Erde die neue Dimension erreicht, dort frei leben können; du hast Pythagoras aufgesucht und ihn um Hilfe bei mathematischen Problemen gebeten; du hast deine Identität wiedergefunden, indem du dich an einen geheimen, in Atlantis versteckten Gegenstand erinnertest, diesen wiederfandest und an dich nahmst; du hast dich an verborgene Orte erinnert, wo du Schlüsselinformationen und Worte der Macht erhieltest; du hast die Tore, die ins Universum hinein- und wieder herausführen, benutzt; du hast Menschen in kriegerischen Auseinandersetzungen geholfen, wieder in ihre Körper einzutreten, indem du das irdische Standardprogramm für den Eintritt durch das Kronenchakra anwandtest; du hast die genaue mathematische Zeitrechnung entdeckt, die notwendig ist, um diese Galaxis zu betreten; du hast der Raumflotte Anordnungen gegeben und dich ihres Computersystems bedient; du hast den Druck des neuen kombinierten Lichtkörpers mathematisch bestimmt; du hast dich mit der Bombardierung der roten synthetischen Kristalle auseinandergesetzt; du hast gelernt, mit dem goldenen Schutzschild umzugehen; du hast die Stimme «gehört», die allen Universen die göttliche Botschaft vom goldenen Zeitalter kundtat; du wurdest geprüft, indem man dich aufforderte, zwischen der Erde und deinem Zwilling zu wählen; ein Teil der Einweihung verlangte von dir, die höheren, feineren Dimensionen des Lichts, deine Heimat, aufzusuchen, und dann wieder zur Erde zurückzukehren, wobei diese Entscheidung von deiner großen Hingabe zeugte und zu den schwersten Aufgaben gehörte. Dann mußtest du stunden- oder tagelang hart arbeiten, um deine Größe zu verkleinern und dich in deinem irdischen Körper wieder einzufinden.

Dann fand ein weiteres unglaubliches Ereignis statt. Nach all den Prüfungen (von denen du nichts wußtest – wenn du es nur gewußt hättest!), nachdem du deine Schlachten allein geschlagen, die Hilferufe (und Flüche) deine Stimme heiser gemacht hatten und du schließlich aufgegeben hattest, auf Hilfe aus den höheren Sphären zu hoffen – nachdem dies alles vorüber war, bemerktest du, daß sie dir wieder halfen. Nach einer Weile wurde es offensichtlich, denn wenn du zurückblicktest, erkanntest du, daß du keine Möglichkeit gehabt hättest, die Teile deiner selbst allein wieder zusammenzuflicken, es sei denn, du hättest dich in absolutem Frieden für ein oder zwei Leben zurückziehen können.

Schließlich strömte Friede in dein zerstückeltes feinstoffliches Umfeld, und du fandest wieder zu dir zurück. Einiges von dem, was vorgefallen war, schien tatsächlich sinnvoll gewesen zu sein. Du begannst jetzt sogar, die Erfahrung positiv zu bewerten, und das war in jeder Hinsicht das Unglaublichste von allem, was bisher geschehen war! Langsam nähertest du dich einem Zustand, wo du dir wieder vorstellen konntest, am gesellschaftlichen Leben teilzunehmen.

Jetzt war der Zeitpunkt gekommen, wo du alle starren Vorstellungen loslassen mußtest, die du dir über die Ereignisse gebildet haben mochtest. Es war sehr wichtig, daß du bereit warst, dich der Wahrheit zu öffnen, damit du begreifen konntest, wie sehr dir das Ganze in Wirklichkeit gedient hatte. Darüber hinaus durftest du erkennen, wie sehr es anderen geholfen hatte. Tatsächlich unterstützte es die ganze Menschheit, und schon darum war es der Mühe wert.

Nachdem wir mit tausend und einer unbeantworteten Frage begonnen hatten, begannen die Puzzleteile langsam zusammenzupassen, und allmählich erreichtest du einen Zustand, in dem du fühltest, daß die restlichen Antworten warten konnten oder ganz einfach nicht mehr wichtig waren. Langsam mischte sich Begeisterung in den Frieden. Du erholtest dich von den Strapazen. Allmählich kehrte deine Glaubwürdigkeit bei Freunden und Familie zurück, da sie erkannten, daß ein Meister auferstanden war. Erlaube jenen Familienmitgliedern, die dies nicht wahrzunehmen vermögen, so zu sein, wie sie sind. Denke daran, daß auch sie einen ziemlichen Schock erlitten haben. Wenn du weiterhin im göttlichen Fluß von Liebe und Licht wirkst, werden sie dies auf einer bestimmten Ebene erkennen und wissen.

Jetzt wurde dir bewußt, daß du außer großartiger Weisheit und Wahrheit auch falsche Informationen erhalten hattest. Wenn auch viele der empfangenen Botschaften von den Aufgestiegenen Meistern zu stammen schienen, war es nun doch nötig, tief nach innen zu gehen, um dort alle Durchgaben noch einmal zu überprüfen. Du mußtest innerlich viel aufarbeiten, Gefühle des Mißtrauens wegen des offensichtlichen Betrugs überwinden und alles loslassen, was sich nicht in Übereinstimmung mit der göttlichen Ordnung befand. Stärke war gefordert, um wieder Glauben und Vertrauen zu entwickeln, doch wenn man sich an Gott, den Allerhöchsten wandte, wurde die absolute Wahrheit über die liebevolle Hingabe offenbar, mit der sich die geliebten Aufgestiegenen Meister und kosmischen Wesen dem Schicksal der Erde und der Menschheit widmen. So wurde dir eine wichtige Einweihung zuteil, und du konntest die Rolle des Dienens in vollem Ausmaß annehmen. Nachdem du die ganze Episode in aller Tiefe verstanden hattest, führte sie dich zu einem wunderschönen Ort tiefer innerer Wahrheit. Jetzt warst du wirklich in der Lage, diejenigen Prophezeiungen, die Furcht und Chaos vorhersagen, zu zerstreuen. Da du jetzt in vollkommener Wahrheit und Lauterkeit wirktest, konntest du Positivität, Gewißheit und Liebe verbreiten.

Vor langer Zeit hast du dich mit allem, was geschehen ist, einverstanden erklärt. Jede Erfahrung, die du gemacht hast, war wichtig.

Du warst eine Brücke, ein Wegweiser für die Mitglieder deines Teams von Lichtarbeitern, und du erschaffst mit den anderen

Lichtarbeitern auf der Erde eine herrliche Lichtbrücke, auf der die Menschheit in die fünfte Dimension aufsteigen kann. Du warst ein Testpilot und hast den Weg markiert, den Boden geprüft und das Terrain für diejenigen geklärt, die ihren eigenen Prozeß des Erwachens sanfter angehen. Du mußt begreifen, daß du von dem Augenblick an, als du zustimmtest, dem Team anzugehören, wußtest, daß es hart werden würde, doch du wußtest ebenfalls, daß du unbesiegbar warst. Irgend jemand mußte sowohl die Karte zeichnen und den Weg bekanntmachen als auch die Widerstände aus dem Weg räumen. Wie du weißt, dauert es eine ganze Weile, um sich von dieser Fahrt auf der «Schnellstraße» zu erholen. Stell dir vor, das gesamte Missionsteam hätte so etwas durchmachen müssen! Schon die Zeit, die für die Erholung notwendig ist, wäre dem Gelingen der Mission abträglich gewesen.

Die anderen Mitglieder des Missionsteams mußten sich ihrem Erwachen sanfter nähern, nicht weil sie nicht zäh genug gewesen wären, ein rasches Erwachen zu verkraften, sondern weil der Weg, den sie vorbereiten, der ganzen Menschheit dient. Auch du gibst Licht zu diesem Weg, doch deine Blaupause ist anders und kann nicht wirklich dabei helfen, diesen Pfad zu schaffen.

Für alle Mitglieder der Kräfte des Lichts und für die Menschheit offenbarst du jetzt die manifeste Blaupause der neuen Zusammensetzung aus physischem Körper und Lichtkörper. Jeder Lichtarbeiter, der sich dafür entscheidet, seinen physischen Körper umzuwandeln, gesellt sich, wenn er den Zustand der Verschmelzung erreicht, zu den Trägern dieser Blaupause.

Wie du weißt, war dies nur eine unter vielen Aufgaben. In der Zwischenzeit wirst du weitere Phasen deiner Missionsaufgabe vollendet haben.

Du hast dich mit deinem ICH-BIN vereint. Ob du nun in diesem Augenblick noch vollständig mit ihm verbunden bist oder nicht – du wirst zukünftig entscheiden können, ob du mit oder ohne diese Verbindung tätig werden willst. Du hast das

Ego durch den Willen Gottes ersetzt. In dem Ausmaß, wie du positiv denken kannst, bleibst du mit deinem ICH-BIN vereint. Vielleicht hast du die Zeit, in der du herausgefordert warst, dich mit deinem ICH BIN zu verbinden und zu hundert Prozent positiv zu denken, als sehr anstrengend empfunden. Wenn du am Ende dieses Zeitraums noch nicht gespürt hättest, daß du «nie wieder einen einzigen negativen Gedanken denken könntest», hätte sich dein ICH-BIN dementsprechend von dir trennen müssen, um seine absolute Reinheit zu erhalten. Gedanken führen in den höheren Dimensionen augenblicklich zu einer Schöpfung. Die Verschmelzung der inkarnierten Seele mit dem «ICH-BIN» kann einen langen Zeitraum beanspruchen, zuweilen Jahre. Die benötigte Zeitspanne hängt davon ab, wie rasch der einzelne diese Energie verkörpert.

Auf dieser Stufe angelangt, wirst du dich wahrscheinlich für die Fähigkeiten entschieden haben, die dir helfen werden, deine Mission hier abzuschließen.

Wie vereinbart, bist du seit Ende des Jahres 1990 erwacht und stehst an deinem Platz.

Nun dienst du wirklich jedem Menschen und jedem Lebewesen mit absolutem Mitgefühl. Dein Emotionalkörper ist aufgrund des traumatischen Abenteuers zerfallen, doch obwohl es dir eine Weile lang so scheinen mag, als ob du nie wieder etwas fühlen könntest, ändert sich dies. Du wirst merken, daß dir genügend Gefühle zur Verfügung stehen, um deinen Mitmenschen, die sich mit diesem inneren Abstand noch nicht identifizieren können, menschlich zu erscheinen. Viele Menschen setzen «Mitgefühl» mit dem äußerlich sichtbaren Ausdruck bestimmter Gefühle gleich und erkennen nicht, daß sich die vollkommen geistige Liebe jenseits der emotionalen Bandbreite befindet. Vielleicht erlaubst du sogar, daß Empfindungen, die eigentlich deinem Zwilling oder deinen anderen Aspekten angehören, durch dich verwandelt werden. Die Gefühle, die dich wieder bewegen, sind zwar echt, doch in Wahrheit sind deine Emotionen von dir genommen. Es handelt sich um einen hohen Seinszustand. Mißverstehe deinen inneren Abstand deshalb nicht als niederen Zustand, der es erforderlich machen würde, an der Befreiung deiner verdrängten Emotionen zu arbeiten. Jedwede Form des Egos und alle menschlichen Wünsche kommen von nun an nur noch dann ins Spiel, wenn sie sich im Einklang mit dem höchsten Dienst an Gott befinden. Sie werden sich zeigen, wenn das ICH-BIN es für richtig hält.

Du hast es geschafft! Du bist nicht verrückt, oder wenn du es bist, dann gibt es eine ganze Menge von uns, die diesen Zustand mit dir teilen. Und was bedeutet schon Verrücktheit? Oft wird man für verrückt erklärt, wenn man Dinge sehen oder hören kann, die die anderen nicht wahrnehmen und die deshalb nicht der Wirklichkeit der Mehrheit entsprechen. Ich aber glaube, wir sind Spitzenkandidaten! Man muß schon multidimensional sein, um etwas zu sehen oder zu hören, was anderen verborgen bleibt. Die Schwierigkeit liegt zu Anfang darin, daß wir ins «kalte Wasser geworfen werden», noch bevor wir zwischen Dingen unterscheiden können, die tatsächlich der festen dritten Dimension angehören und daher zur Realität der anderen gehören, und was wir aus der vierten, fünften oder aus höheren Dimensionen empfangen. Mit ein bißchen Glück haben sich einige von uns so lange still verhalten, bis dies geklärt war, doch das ist eher zweifelhaft. Die Art der Ereignisse erforderte meist, daß man sich mit Freunden oder der Familie austauschte.

Das «Sehen» der Astralebene allein kann schon schwierig genug sein. Versuche einmal, einem Familienmitglied zu vermitteln, daß es sich nicht auf den Stuhl setzen kann, weil dort schon jemand sitzt! Höchstwahrscheinlich alarmieren sie die Leute mit der Zwangsjacke. Jedenfalls hast du irgendwann begriffen, welche Dinge zur dritten Dimension gehören. Du gewöhntest dich langsam an die Tatsache, daß die meisten Leute nur die Alltagswirklichkeit wahrnehmen. Außerdem mußtest du erkennen, daß die inkarnierten Seelen um dich herum den höheren Sinn ihrer Handlungen, der für dich offensichtlich war, nicht verstehen konnten, und das war heikel! Hoffentlich gelang es dir, dies ebenfalls zu begreifen und deine Glaubwürdigkeit schnell genug wiederherzustellen, bevor sie dich zwangsweise einliefern ließen. Seien wir ehrlich! Für uns war es ein Trauma, doch für unsere Freunde und unsere Familie war es auch nicht einfach. Sie waren wirklich schockiert, daß ein normaler, stabiler, intelligenter Mensch sich plötzlich so seltsam verhielt! Sie verstanden das Ganze nicht, doch wie hätte man das von ihnen erwarten können? Selbst du hattest Schwierigkeiten, es zu begreifen! Sie versuchten, so gut wie möglich damit fertig zu werden. Hoffentlich erkennen sie jetzt, daß alles wieder in Ordnung ist. Denn so ist es. Es ist erstaunlicherweise alles völlig in Ordnung.

Du hast dich einfach nur aus den Einschränkungen des physischen Universums gelöst!

Alles befindet sich vollkommen in göttlicher Ordnung.

Ja, es war das Härteste, was du je erlebt hast, doch du mußt so etwas nur einmal durchmachen.

Jetzt kannst du dich jeder Situation im Universum stellen. Verwirkliche einfach dein wunderbares, liebevolles, hingebungsvolles wahres Selbst und setze es nie aufs Spiel. Da du jetzt ohne Ego fortschreitest, alles Leben liebst, niemanden und nichts brauchst und das freudige Wunder der Verbindung mit deinem Zwilling spürst, weißt du, daß du ein wahres Kind Gottes bist.

In deinem tiefsten Innern hast du den unauflöslichen Entschluß gefaßt, deine Mission zu vollenden und alles zu tun, was in deiner Macht steht, um die Erde in die Einheit der Liebe zurückzuführen. Der Augenblick, wo du erleben wirst, daß alles Leben frei sein wird, steht nahe bevor. Du bist nur einen Atemzug davon entfernt, für immer mit deiner Zwillingsflamme vereint zu sein und nach Hause zurückzukehren.

Jetzt weißt du, daß du ein Meister bist. Jetzt weißt du, daß du unbesiegbar bist.
ICH BIN das Licht Gottes, das nie versagt.
Weil ICH DU bin und DU ICH,
BIN ICH erleuchtete Gegenwart, Macht und Schutz
und nehme alle Lebewesen auf der Erde
im Namen des Schutzes der göttlichen Liebe und seiner Ausstrahlung in meine Obhut.

SHANTARN – Sandy Stevenson

Der Anfang

Die Ankündigung der Sterngeborenen

Umfassende Vollendung – Die Erde arbeitet jetzt auf dem neuen, höher schwingenden Kraftliniensystem.

Am 25. November 1996 befreite sich unsere geliebte Erde sanft und ruhig aus dem dichteren Kraftliniensystem, das ihre Energie seit den Tagen von Atlantis bestimmt hatte. Der Prozeß begann am 11. November 1996 um 11 Uhr morgens mit dem Neumond und endete mit der Vollmondenergie am 25. November. Während dieser Zeit arbeitete die Erdmutter systematisch mit allen Lichtkräften des Planeten zusammen, um Zugang zum Code der genauen mathematischen Sequenz zu erhalten, die sie zum Wechsel der Kraftlinien brauchte. In den letzten vier Tagen wurden Tausende von Lichtarbeitern, die über die noch fehlenden Codes verfügten, zur herrlichen Küste von Cornwall nach England gezogen. Hier, an einem besonderen Ort, wo die Mondenergie durch die Meereswogen schimmert, strömten der blaue und der goldene Strahl am 25. November um Mitternacht durch den atlantischen Laserkristall, und die letzte der vier Eckschnüre, an denen die alten Kraftlinien geknüpft waren, wurde durchtrennt. Die Erde befreite sich, rückte sanft auf ihren neuen Platz und stimmte sich freudig auf das neue feinere Schwingungsnetz aus goldenem Licht ein. Jetzt verfügt sie über das Sprungbrett, das ihr die letzten Stufen ihres Aufstiegs ermöglicht, der – nach Schätzungen vieler alter Weisheitslehren – im Jahre 2012 beendet sein wird.

Schon vor langer Zeit haben die Kräfte des Lichts damit begonnen, den heiligen Orten und jenen Plätzen auf der ganzen Welt, die einen Zugang zu Kraftlinien erlauben, voller Hingabe Licht zu senden. Das multidimensionale Ziel, die Erde mit Licht zu überfluten, umfaßt folgende Aufgaben: die sanfte Reinigung der physischen und feinstofflichen Formen der Erde, wodurch die dichteren Energien umgewandelt werden, ohne daß es dazu größerer Umwälzungen von Landmassen bedarf; die Sendung von Licht an die entwickelte Zivilisation der inneren Erde, die dieses durch die Kristall- und Mineralreiche tief in den Planeten lenkt; Hilfe bei der Befreiung aller Emotionalkörper; die Bildung der Struktur einer höher schwingenden Kraftlinie, um die letzten Stufen des irdischen Aufstiegs zu ermöglichen; das Bewahren der Erdachse in einem Zustand der Stabilität und des Gleichgewichts; die Erlaubnis, die fehlenden Energiesymbole durch den Gebrauch von Kornkreisen zu ersetzen; die langsame Anhebung der Schwingungen von Tier-, Pflanzen- und Elementarreich und die Erweiterung des menschlichen Bewußtseins.

Das neue Energiegitter und das Kraftliniensystem wurden ungefähr fünfundvierzig Zentimeter über dem alten System geschaffen, langsam hinunterbewegt und knapp darüber in Position gebracht. Dies sollte sicherstellen, daß der Wechsel von einem System zum anderen keine Störungen wie etwa Erdbeben auslösen konnte. Das neue Kraftliniensystem verfügt über dieselben Koordinaten und dieselben heiligen Orte, doch da es aus einem ausgedehnteren Muster feinerer Linien besteht, hat es weltweit viel mehr Zugangsmöglichkeiten. So kann das Licht zusätzlich durch Millionen neuer Orte einströmen und steht so viel leichter zur Verfügung.

Das neue Energiegitter, die neue Kraftlinienstruktur und das Übergeben der Zepter waren lebenswichtige Schritte bei der Vollendung des göttlichen Planes für die Erde und absolut notwendig, bevor das ursprünglich beauftragte Team die Erde verlassen kann. Wenn die Mitglieder der verschiedenen Gruppen alle Aufgaben und Vereinbarungen für den Aufstieg vollendet haben, werden sie abreisen.

Wir können die Freude und die Großartigkeit dieser großen Errungenschaft für das ganze Universum nicht in Worte fassen.

SHANTARN – Sandy Stevenson

Bestätigt von Sanat Kumara, dem planetarischen Logos, durch die Gnade der Aufgestiegenen Sphären des Lichts.

Bedingungslose Liebe

Liebe ohne Bedingungen

ICH LIEBE dich so, wie du bist, als denjenigen, der seinen eigenen individuellen Weg sucht, um in Beziehung zur Welt zu treten. Ich achte deine Entscheidung, so zu lernen, wie es sich für dich richtig anfühlt.

ICH WEISS, daß es wichtig ist, daß du der Mensch bist, der du sein willst, und nicht so, wie ich oder andere Menschen glauben, daß du «sein solltest». Ich bin mir bewußt, daß ich nicht weiß, was für dich am besten ist, obwohl ich das zuweilen zu wissen glaube. Ich stehe nicht an deinem Platz und sehe das Leben nicht von deiner Warte. Ich weiß nicht, was du lernen willst, wie du es lernen willst, mit wem und in welchem Zeitraum. Ich kann dein Leben nicht durch deine Augen sehen; wie sollte ich wissen, was du brauchst?

ICH ERLAUBE dir, in der Welt zu sein, ohne deine Handlungen in Gedanken oder Worten zu beurteilen. Ich finde keinen Irrtum in dem, was du sagst und tust. Von meinem Standpunkt aus erkenne ich, daß es viele Arten gibt, die unterschiedlichen Facetten unserer Welt wahrzunehmen und zu erfahren. Ohne Einschränkungen gestehe ich dir in jedem Augenblick alle Entscheidungen zu, die du treffen magst. Ich beurteile sie nicht, denn wenn ich dir das Recht auf deine Entwicklung streitig machen wollte, dann würde ich es auch mir und allen anderen verweigern.

JENEN MENSCHEN, die einen Weg wählen, den ich nicht gehen möchte und dem ich weder meine Kraft noch meine Energie widmen will, werde ich nie das Geschenk der Liebe entziehen, das mir Gott für die ganze Schöpfung ins Herz gelegt hat. So, wie ich dich liebe, werde ich geliebt werden. Was ich säe, werde ich ernten.

ICH GESTEHE dir das universelle Recht des freien Willens zu, um deinen eigenen Weg zu gehen, voranzuschreiten oder auch eine Weile auszuruhen, wenn das für dich richtig ist. Ich werde nicht darüber urteilen, ob die Schritte, die du gehst, groß oder klein, leicht oder schwer sind oder nach oben oder nach unten führen, denn ich habe nur meine eigene Sichtweise.

ICH DENKE vielleicht, daß du nichts tust und halte dich für unwürdig, und doch kann es sein, daß du viel Heilung bringst, indem du, gesegnet vom Lichte Gottes, einfach dastehst. Ich kann das höhere Bild der göttlichen Ordnung nicht immer erkennen.

DENN ES IST das unveräußerliche Recht allen Lebens, die eigene Entwicklung zu bestimmen, und mit großer Liebe achte ich dein Recht, deine Zukunft zu wählen. In Demut beuge ich mich der Erkenntnis, daß der Weg, den ich als den besten für mich sehe, nicht auch der beste für dich sein muß. Ich weiß, daß du von der ICH-BIN-Gegenwart geführt wirst und deiner eigenen Begeisterung folgst, die dich deinen Weg erkennen läßt.

ICH WEISS, daß die vielen Nationen, Völker, Religionen, Gebräuche und Glaubenssysteme in unserer Welt großen Reichtum bedeuten. Wir können die große Vielfalt nutzen und aus ihr lernen. Ich weiß, daß jeder von uns auf seine einzigartige Weise lernt, um für die gesamte Menschheit Liebe und Weisheit zu gewinnen. Wenn es nur eine einzige Möglichkeit gäbe, etwas zu tun, gäbe es auch nur einen einzigen Menschen.

ICH WILL dich nicht nur dann lieben, wenn du dich so verhältst, wie es mir paßt, oder an Dinge glaubst, an die ich glaube. Ich weiß, daß du wahrhaft mein Bruder oder meine Schwester bist, auch wenn du an einem anderen Ort geboren bist und an einen anderen Gott glaubst.

DIE LIEBE, die ich fühle, gilt allen Lebewesen in Gottes Welt. Ich weiß, daß jedes Lebewesen ein Teil Gottes ist, und ich empfinde tief in meinem Innern Liebe für jeden Menschen, jedes Tier, jeden Baum und jede Blume, jeden Vogel, jeden Fluß und jedes Meer und für alle Kreaturen dieser Welt.

ICH LEBE mein Leben in liebevollem Dienst und gebe das Beste, dessen ich fähig bin. So werde ich weiser in der Vollkommenheit der göttlichen Wahrheit und glücklicher in der Freude der

BEDINGUNGSLOSEN LIEBE

Sandy Stevenson
Genehmigung zur Vervielfältigung

Das zwölffache «Solarwesen»

Die zwölf Hauptchakren und die Nebenchakren

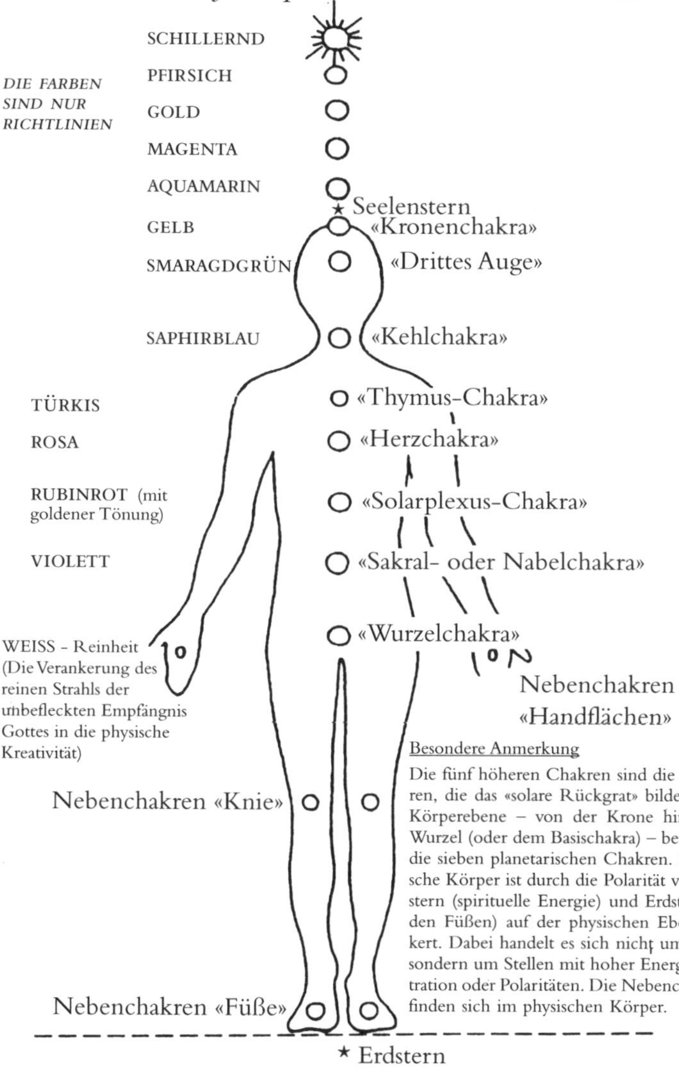

<u>Besondere Anmerkung</u>

Die fünf höheren Chakren sind die Solarchakren, die das «solare Rückgrat» bilden. Auf der Körperebene – von der Krone hinunter zur Wurzel (oder dem Basischakra) – befinden sich die sieben planetarischen Chakren. Der physische Körper ist durch die Polarität von Seelenstern (spirituelle Energie) und Erdstern (unter den Füßen) auf der physischen Ebene verankert. Dabei handelt es sich nicht um Chakren, sondern um Stellen mit hoher Energiekonzentration oder Polaritäten. Die Nebenchakren befinden sich im physischen Körper.

Eine gute Übung besteht darin, vor der Meditation mit dem goldenen Ball weißes Licht durch alle zwölf Chakren bis in die Erde strömen zu lassen (mit freundlicher Genehmigung von O'Le-an und Elonia).

Vereinbarungen, die ich brechen – Dinge, die ich loslassen will, damit ich meine höchste geistige Weisheit und Macht erlange

Ich rufe meine mächtige ICH-BIN-Gegenwart an, mich mit Weisheit, Unterscheidungsvermögen und liebevoller Absicht zu erfüllen. So sei es.

1. Ich lasse alle Erwartungen los, die ich in bezug auf mein geistiges Wachstum und meine Fortschritte habe.
2. Ich löse all jene Vereinbarungen mit meiner Mutter, meinem Vater, meinen Kindern, meinen Stiefkindern, meinen Geschwistern, meinen Freunden, meinem Partner und mit anderen Personen, die mich in einer dreidimensionalen Realität gefangenhalten.
3. Ich lasse alle untauglichen Vorstellungen darüber los, ob ich würdig genug bin, Liebe, Freude, Frieden, Harmonie, Sicherheit, Überfluß, Kreativität, jugendliche Gesundheit und Wohlergehen zu erfahren.
4. Ich lasse das Bedürfnis los, die Welt und ihre Lebewesen zu retten. Ich bin mir bewußt, daß meine Mission darin besteht, meine eigene Meisterschaft zu erkennen und allen ein lebendiges, liebevolles Beispiel zu sein, ohne von anderen etwas dafür zu erwarten.
5. Ich lasse alle Vorstellungen und Konditionierungen, die meine körperliche Form betreffen, los. Ich beanspruche mein mir von Gott gegebenes Geburtsrecht auf Schönheit, Lebenskraft, Gesundheit und Wohlergehen, da ich weiß, daß dies mein natürlicher Seinszustand ist und ich nur den Anregungen meines Geistes folgen muß, um diese Vollkommenheit zu manifestieren.
6. Ich lasse alle Erwartungen bezüglich meiner Kreativität los. Ich erschaffe aus Freude und weiß, daß mein Überfluß und meine Ressourcen nicht durch meine Bemühungen entstehen, sondern vom Geist stammen. Sie

werden durch meinen Glauben an meinen eigenen Wert freigesetzt.

7. Ich lasse die scheinbare Verfügungsmacht der dreidimensionalen Regierung und der Gesellschaft über mich los; sie kontrolliert weder mich, meinen Überfluß noch meine Sicherheit.
8. Ich lasse all meine noch verbliebenen karmischen Schulden und die noch nicht gereinigten Energien in mir und meinen physischen, mentalen, emotionalen und spirituellen Körpern los. Jetzt bewältige ich alle Situationen anmutig und mit Leichtigkeit und erhebe mich ins Licht, um bei der Schöpfung des Himmels auf der Erde mitzuwirken.
9. Ich lasse alle meine falschen Vorstellungen bezüglich meiner Fähigkeit los, Wissen, Weisheit und wichtige Informationen vom Geist zu erhalten. Ich ziehe neues Wissen und neue Vorstellungen an, damit ich lernen und wachsen kann und als lebendiges Beispiel diene.
10. Ich lasse alle Urteile, alle vorgefaßten Meinungen und Erwartungen in bezug auf andere Menschen los, da ich weiß, daß sie sich ihrer Entwicklung gemäß am richtigen Ort befinden. Ich liebe und ermutige sie, gebe nur Rat, wenn ich gefragt werde, und füge dann die Warnung hinzu, daß meine Wahrheit nicht ihre Wahrheit sein muß.

(Erzengel Michael, gechannelt von Ronna Herman, USA. Mit freundlicher Genehmigung.)

Verfügungen

Verfügung zum Aufstieg

Geliebtes, mächtiges «ICH BIN, DER ICH BIN», auf Befehl des kosmischen Lichts und aller Mächte des Lichts, die mich unterstützen, rufe ich meine geliebte ICH-BIN-Gegenwart an, von jetzt an in Vollmacht, Liebe und Ehre über mein Leben und über das der Mitglieder der Kräfte des Lichts zu bestimmen, da ich die Vollendung meiner Aufgaben im göttlichen Plan durch meinen Aufstieg ins Licht in uneingeschränkter Zusammenarbeit und Integration manifestiere, um so die Fülle meines wahren Seins auszudrücken.

Ich bin die vollkommen ermächtigte Lichtkraft und drücke die Fülle meines wahren Seins aus! (dreimal)

Ich bin die vollkommen ermächtigte Lichtkraft und beschleunige meine Schwingungsstruktur bis zu meinem glanzvollen Aufstieg ins Licht und in die Fülle der göttlichen Realität. (dreimal)

Ich bin die Herrlichkeit Gottes, die sich in meinem Kraftfeld, durch mein Kraftfeld und im Umfeld meines Kraftfeldes in Ausdruck und Sein offenbart. (dreimal)

Ich bin die Vollendung, und ich bin die Ermächtigung meines göttlichen Seins, das jetzt vollständig manifestiert ist! (dreimal)

Ich bin, der ich bin, ich bin mein Aufstieg ins Licht. Ich manifestiere den Aufstieg jetzt vollständig! (dreimal)

Das Licht Gottes ist ewig siegreich, und ich bin dieser Sieg, der jetzt vollständig manifestiert ist! (dreimal)

Ich bin das Licht des Aufstiegs! (dreimal)

Ich danke, daß es vollbracht ist.

(Wiederhole die gesamte Verfügung dreimal)

(Durchgabe der Aufgestiegenen Meister, gechannelt von Elonia, Crissie Romano, Australien. Mit freundlicher Genehmigung.)

Anrufung für die Vollendung des Göttlichen Plans auf der Erde

Durch das geliebte ICH BIN, DER ICH BIN, auf Befehl des kosmischen Lichts und aller Mächte des Lichts, die mich unterstützen, verfüge ich:

Ich rufe den höchsten Gott und alle Legionen des Lichts, die dem Planeten Erde helfen, an, die Durchführung des göttlichen Plans für die Erde und die Menschheit jetzt vollständig zu manifestieren!

Ich gebiete die vollständige Manifestation des göttlichen Plans für die Erde, auf daß er sich jetzt bei der menschlichen Schöpfung Geltung verschaffe und für immer wirksam bleiben möge! (dreimal)

ICH gebiete, daß jeder Fluß des Lebens auf der Erde unbegrenzte Möglichkeiten erhält, vollkommen zu erwachen und seinen eigenen individuellen göttlichen Plan zu aktivieren! (dreimal)

In allen Strömen des Lebens auf der Erde möge sich das Feuer – die Flamme – das Licht – die Liebe und die Macht der göttlichen Allgegenwart, die Allmacht und die Allwissenheit vollständig manifestieren!

Die Menschheit ist von Gott ermächtigt! (dreimal)

Die Erde ist beständig getragen von grenzenlosem kosmischem Licht, von Vollkommenheit und von Schutz – dies manifestiere sich jetzt in ganzer Fülle! (dreimal)

Gott ist mein Sieg! (dreimal)

Ich bin Sieg – Sieg – Sieg! (dreimal)

Ich bin beständig getragen von grenzenlosem kosmischem Licht, von Vollkommenheit und von Schutz! (dreimal)

Ich danke, daß es vollbracht ist.
(Wiederhole die gesamte Verfügung dreimal.)

(Durchgabe der Aufgestiegenen Meister, gechannelt von Elonia, Crissie Romano, Australien. Mit freundlicher Genehmigung.)

Die Macht des Einen

Die Freiheit der Erde ist gewonnen!
Die Macht Gottes gebietet der Erde!

Wir kehren zur «Macht des Einen» zurück!
Gott ist – «Ich bin» – du bist – wir sind – alle eins!

Wir setzen die «Macht des Einen» wieder ein!
Wir setzen die Macht der Liebe wieder ein!
Wir setzen die Macht der Einheit wieder ein!
Wir setzen die rechte Ordnung und das rechte Gleichgewicht wieder ein!

Wir stellen unsere Umwelt wieder her!
Wir ehren alle Reiche der Natur!
Wir achten die rechten Beziehungen zu allen Wesen!
Wir ehren die Essenz der Gotteskraft in allem Leben!
Wir stellen die richtigen Beziehungen zwischen Männern und Frauen wieder her!
Wir achten den richtigen Gebrauch sexueller Energie!

Wir übernehmen vollständig Verantwortung für unser Leben und für den lebendigen Planeten!
Wir nehmen unsere persönliche Ermächtigung und unsere spirituelle Souveränität an!

Wir sind – die kollektive Gotteskraft!
Wir sind – Mitschöpfer!
Ich bin – göttliche Individualität!
Ich bin – die Essenz der göttlichen Kraft!
Ich bin – die göttliche Kraft in Aktion!
Ich bin – die Ursache, und ich bin – die Wirkung!

Die größte Liebe ist in mir.
All dies bin ich!

(Wiederhole alles dreimal)

(Gechannelt v. O'Le-An, Austral. Mit freundlicher Genehmigung.)

Dank

Ich danke meiner wunderbaren Mutter, Esmé, einer alten, ewig jungen Seele, in deren Augen immer noch der Schalk blitzt und die hingebungsvoll in Liebe und mit aller Kraft dem Universum dient. Meinem erstaunlichen Bruder Dennis, einem Meister, an dem man sich ein Beispiel nehmen kann, dem nie ein negatives Wort über die Lippen kam. Wer sonst würde nur deshalb ein altes Valiant-Auto behalten, um sicherzustellen, daß das Wort «Valiant» der englischen Sprache erhalten bleibt? Meiner geliebten Tochter Tania, die im Lichte Gottes geht und ihre Schönheit, Weisheit, Wahrnehmungsfähigkeit und Liebe durch die Welt trägt. Du hast mich so viel gelehrt! Ich möchte auf diesem Wege meiner ganzen Familie mitteilen, daß es mir wirklich eine Ehre ist, euch zu kennen und mit euch zu dienen. Ich liebe euch bedingungslos.

Danke dir, Australien, Ort meiner Geburt, und England, meinem spirituellen Zuhause, dafür, daß ihr eure außerordentliche Schönheit mit mir teilt.

Ich danke den Freunden, die mein Herz berührten, indem sie mir ihr jetziges oder ein früheres Leben erzählten.

Brian Hasler danke ich für sein Erwachen und Jono Rogers für ihre unschätzbare Hilfe. Ich danke euch beiden für die Integrität, mit der ihr euch an die Abmachungen hieltet, die ihr vor diesem Leben getroffen habt.

Ich danke allen Haslers und Rogers, Betty, Merlin, O'Le-an und Elonia (Eddie & Crissie Romano), Carole Oleson, Robin Bee, Mathilde, Sally, Renee, Christine, Maurice, Vicky Dixon, Ann Robson, Gaye, Vicky Kingsley, Connie, Helle & Tatal und

Stephen Davies dafür, daß sie in Großbritannien ein Bewußtsein für die Heilkraft der Nahrung weckten; Doris, Suki, Tai, Bouncer, Suzette, Vicky, die Künstler vom 21. August 1994 in Wembley; Maxie, Ginny, Rich, Peter, Joan, Da Vid, Mandy, John, Trudy, Stefan, Carmen, Marcus, Robyn, David, Susan und Lesley. Von den vielen Menschen, die mein Herz durch ihre Hilfe für diesen geliebten Planeten berührten, kann ich nur wenige erwähnen: Solara, Patricia Cota Robles, Oprah Winfrey, Stuart Wilde und Louise Hay. John Christian (UK), Matisha (USA) und Chris James (Australiens magischem Sänger) danke ich für ihre wundervollen Lieder, die uns «nach Hause» entführen.